正しく疑う

新時代のメディアリテラシー

池上彰 監修

Gakken

はじめに

あなたが初めてスマホを持ったのは、何年生のときでしたか？ 人によって答えは違うでしょうが、「とってもうれしかった」という気持ちは、おそらく一緒でしょう。

スマホを持つと、友人たちといつも連絡が取れるようになります。でも、スマホから手が離せないという気持ちになりませんか？ これは最近「スマホ依存症」と言われています。最初はスマホを使いこなしているつもりだったのに、いつしかスマホに使われていませんか？ これは危険です。

スマホには、たくさんの情報が飛び込んできます。でも、芸能ニュースが多くありませんか？ それは、ふだんからあなたが芸能ニュースばかりを見ているからです。友人のスマホにはスポーツのニュースばかりが入ってくるとか。では、あなたの親はどうでしょう。円高だとか円安だとか、株価が上がったり下がったりというニュースばかりが入ってくるかもしれませんね。

あなたが使っているスマホでニュースを見ていると、ニュースを送っている側が、「この人はこんなニュースに興味があるのだろう」と勝手に判断して、同じような傾向のニュースばかりを送ってくるのです。その結果、「みんなも自分と同じようなニュースを見ているのだ」と勝手に解釈してしまいます。

でも、あなた以外の人も同じようなニュースを見ていると思ったら、大間違い。それぞれの人の関心に合うようなニュースばかりを送ってくるのです。その結果、「世の中の人は自分と同じことに興味があるんだ」と勘違いしがちです。自分と違う考えの人がいると、「なんて偏った考えなんだろう」と思うかもしれませんが、実はあなたのほうが偏っているのかもしれません。怖いですね。

いつもネットで情報を集めていると、ビックリするようなニュースが飛び込んでくるかもしれませんが、それは本当でしょうか。最近は、わざとウソの情報を流し、それをみんながクリックすると自分にお金が入るというしくみを悪用して、ウソの情報をまき散らす人もいるのです。怖いですね。

そのニュースが本当かウソかを疑ってかからなければならないこともあります。残念なことです。でも、なんでもかんでも疑っていたら、友だちをなくすかもしれませんね。こういうときこそ「正しく疑う」という力が求められるのです。これを「メディアリテラシー」と言います。

今私たちに必要なメディアリテラシーとは何か。本書でしっかり身につけてください。

2025年2月

ジャーナリスト　池上　彰

みなさん
こんにちは
パッ

池上彰です
あなたは
『メディア』とは何か、
知っていますか？

たとえば、
今あなたが読んでいる
この『本』
これもひとつのメディアです

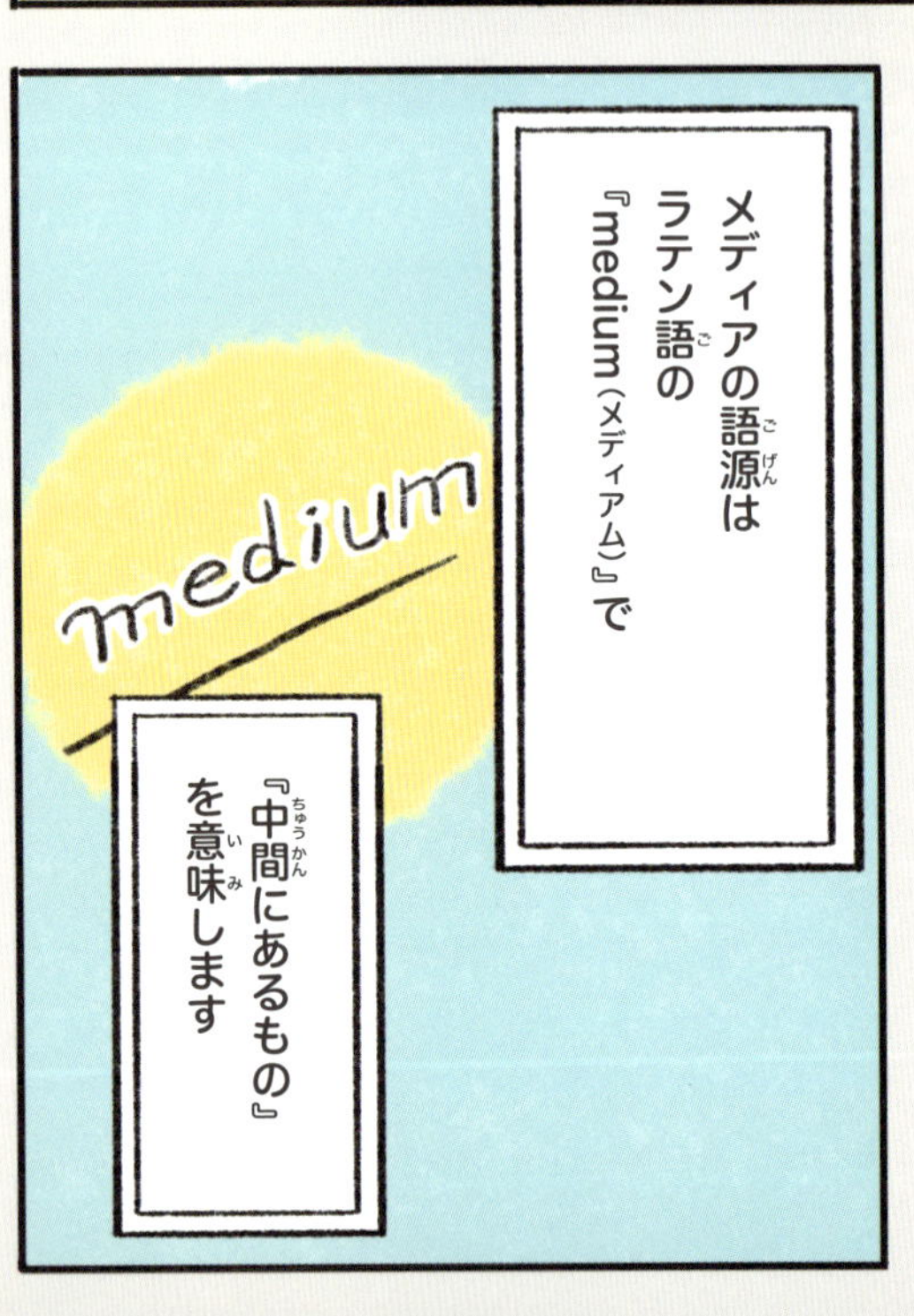
メディアの語源は
ラテン語の
『medium（メディアム）』で
medium
『中間にあるもの』
を意味します

今私が話している
内容は
本来あなたに
会いに行かないと
お伝えできませんが

あなたと私の『中間にあるもの』
つまりは『本』のおかげで
会わずに内容を伝えられます
メディアは
情報の受け渡しの手段、
と言えるでしょう

電車の中

家の中
私たちの身のまわりは、
情報を伝えてくれるメディアで
あふれています

『明日の東京の天気を
知りたい』と思えば、
天気予報で
すぐにチェックでき
18:0

『友だちを遊びに
誘いたい』と思ったら、
あしたヒマ？
一通のメッセージを
送ればいい

とても便利な世の中に
私たちは生きています

しかし、気をつけて
ほしいこともあります
便利なメディアには
力があり、人の気持ちを
簡単に誘導できます

CMでは見る人を
引きつけるため
人気芸能人が起用され、
新登場

限定
SALE!
インターネット上には、
あなたの興味に
合わせた広告が出てきます

また、メディアの使い方を誤ってしまった場合
犯罪の被害者になってしまったり
当選！
click

匿名掲示板
〇〇高校A組
クス
クス

逆に加害者になってしまう可能性があります
ウザい
ポン
投稿

あなたの犯した過ちが
メディアを通して
世間に大きく広まった場合

内定取消
通知

あなたは一生、
それを背負って
生きていかねばなりません

そのようなことに
ならないために

メディアからの情報を
自ら考え判断し
活用する力である
『メディアリテラシー』
を身につけていきましょう！

目次

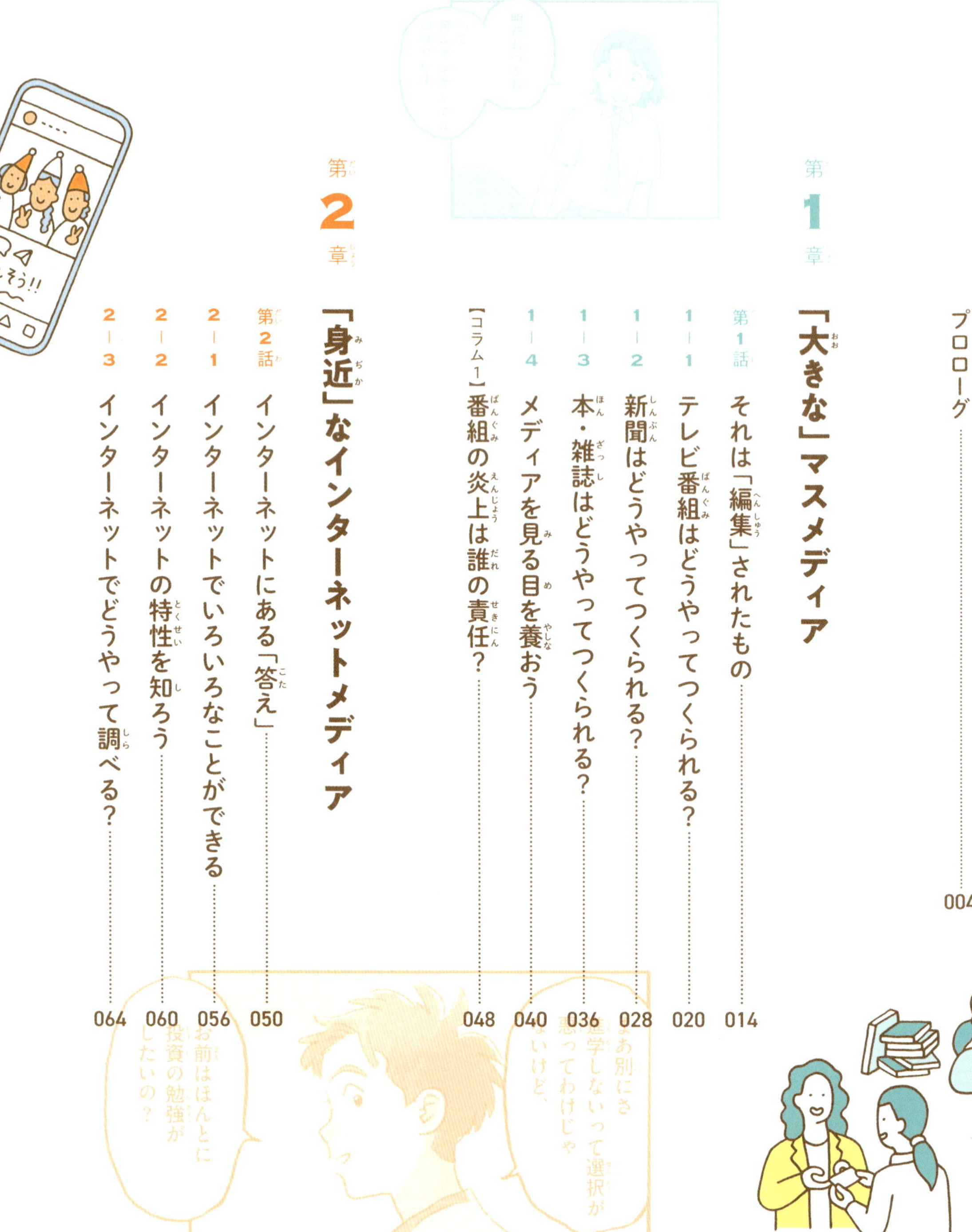

第3章 インターネットにひそむ怖さ

第4章 インターネットがあなたの可能性を広げる

第5章 メディアとともに生きるあなたたちへ

第1章

「大きな」マスメディア

カチャ

coffee

今私が読んでいる新聞、

NEWS
テレビ、

本や雑誌

これらが一般的にマスメディアと呼ばれるものですが、
大きなメディアであるがゆえに「正しい情報が流れる」と受け手が思い込みやすい特徴があります

その特徴を意識しつつ
とある中学生のお話を見ていきましょう
○○ 学習塾

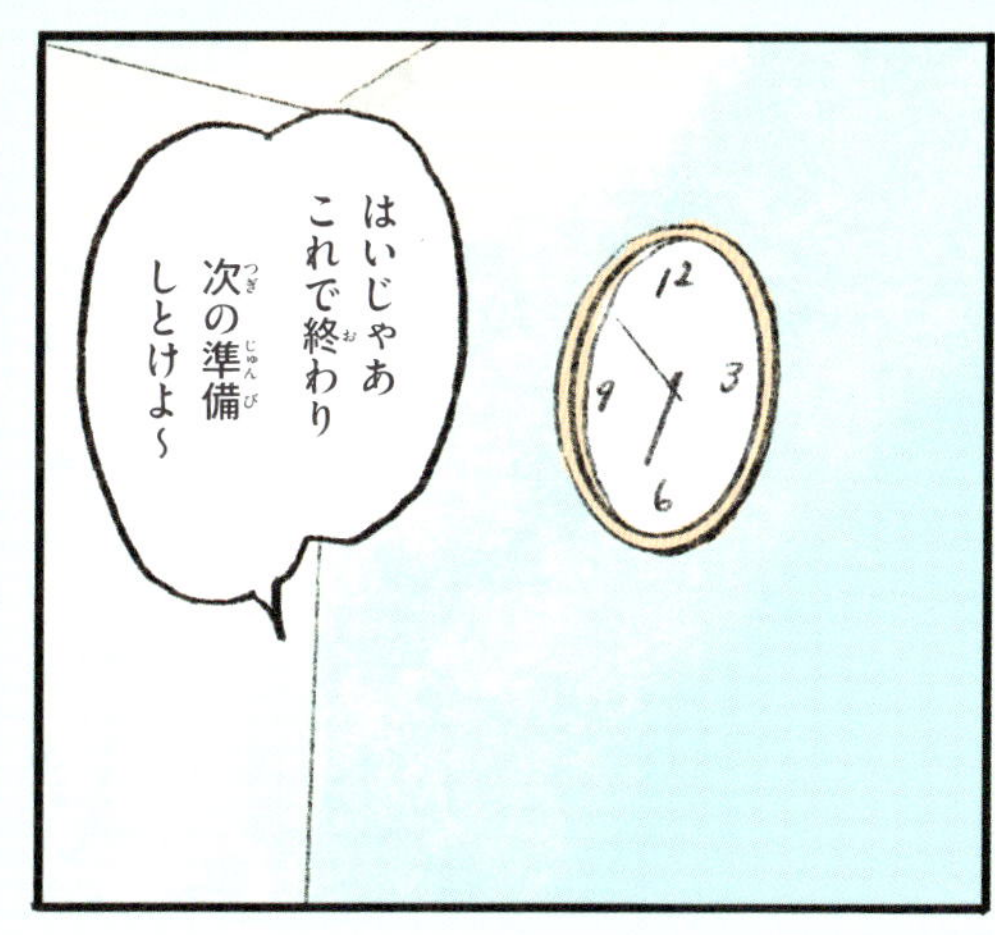
はいじゃあ
これで終わり
次の準備
しとけよ〜

まじ
ねみー
ザワ
それな
わっかんない、
これ教えて〜
ザワ
もー、しょうが
ないなあ

明莉おつかれ
って
何ニヤニヤしてん
のコワいよ

推しが尊い…！
MINA

今日「PTT」の
放送日なんだよね〜
ああ、いつも見てる
アイドル
オーディション
番組ね

明莉の推しはその子なの？

そう！この子！
ミナ、めっちゃかわいいし歌もうまくて最高なんだよ…
絶対に受かってデビューしてほしい

今日最新回の放送日なんだ

本日20時からのPTTは…
お！予告だ!!

ミナ、
あなたには価値がない

すみません…
まさかミナが!?どうなる、メンバー選考！
本日20時より！

ええ!?

明莉！
声デカいって
始めるぞ～

なんなのよ！
あの予告動画
今日絶対早く帰って
番組リアタイで見ないと…

このプリント
終わったやつから
帰っていいぞ～

お、早いなあ
ありがとう
ございました！
さよなら！
あの熱量をいつも
勉強に向けてたら
もっと成績
上がりそうなのにな

ただいま〜！
おかえり
もうそんなに急いでなんなの？
ダダダダ

やば、もう番組始まってるじゃん
ピ
自分の魅力的な歌声を自信を持って示さないと、「あなたには価値がない」、
私はあなたにはもっと力があると信じている

「すみません…」
もっと自信を持って歌えるよう頑張ります！

なんだあ～
そういうことか～
予告で見たことが
すべてだと思って、
なんかびっくり
しちゃったよ

録画してるし、
あとで始めから
ちゃんと見よーっと

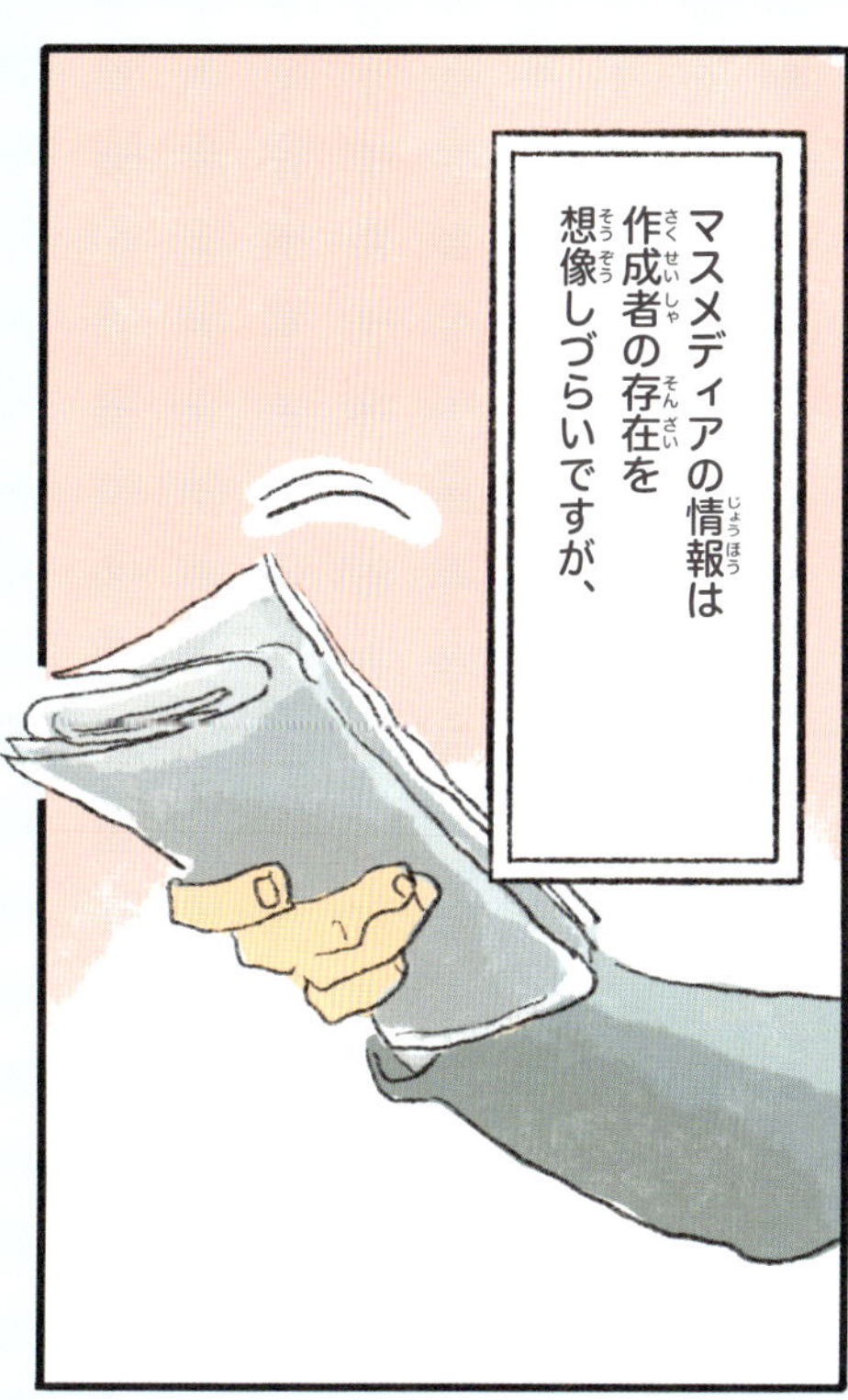
マスメディアの情報は
作成者の存在を
想像しづらいですが、

すべてのメディアの裏には
必ずそれをつくり編集する
「誰か」がいます
この章ではマスメディアについて
学んでいきましょう

1-1 テレビ番組はどうやってつくられる？

私たちにとって身近なメディアのひとつに、テレビがあります。まずは、テレビ番組がどのようにつくられているかを見ていきましょう。

テレビ番組には多くの人が関わっている

お笑い番組やバラエティー、アニメやドラマ、ニュースなど、ふだん何気なく見ているテレビですが、私たちはテレビにどんなことを期待しているのでしょうか。NHK放送文化研究所が2022年におこなった「全国メディア意識世論調査」によると、テレビや新聞、本や雑誌、YouTubeやLINEなどのメディアのなかで、「世の中の出来事や動きを知る」のにテレビが最も役に立つと答えた人は58.5％と半数を超え、ほかのメディアを大きく引き離しています。SNS

テレビに映る人はごくわずかだけど

キャスター／アナウンサー

ニュースを伝えたり、司会や実況を担当したりします。解説をしながら報道する人はキャスターと呼ばれます。

AD（アシスタントディレクター）

ディレクターの仕事がスムーズに進むように番組制作を補佐します。

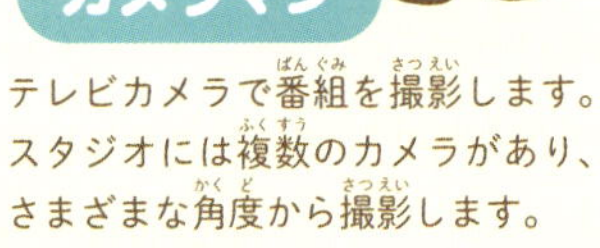

カメラマン

テレビカメラで番組を撮影します。スタジオには複数のカメラがあり、さまざまな角度から撮影します。

ディレクター

番組の企画から台本作りに携わり、撮影現場では出演者やスタッフにさまざまな指示を出して、番組の制作を指揮します。

や動画サイトなどがメディアの中心になりつつあると言う人もいますが、**テレビに対する期待や信頼度はまだまだ高いことがうかがえます。**

　ではニュース番組からテレビというメディアを考えていきましょう。一見、テレビ画面に映っている数人で番組が成り立っているようにも見えますが、その裏で、実はとても多くの人たちが関わっています。画面には映らない人の多さに驚くかもしれませんね。これらの人たちはそれぞれどんな役割を担っているのでしょうか。

世の中の出来事を知るには どのメディアがいいと思うか

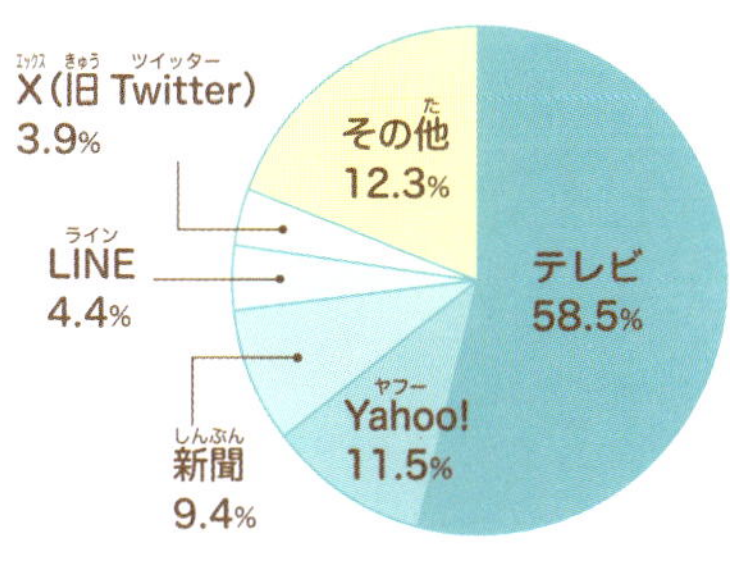

＊「全国メディア意識世論調査2022」より作成

照明スタッフ

複数のライトを使い、出演者やセットを効果的に照らします。

タレント

プロとしてテレビなどのメディアに出ている人。歌手や俳優でない人を指しますがその区別はあいまいです。

別の部屋にもスタッフが！

スタジオの隣には副調整室という部屋があり、編集した映像を再生したり、スタジオと外の中継現場を結んだりするなど、番組全体をコントロールしています。

美術スタッフ

番組に使うセットや舞台、出演者が使う小物などをつくったり準備したりします。

音声スタッフ

音声の収録を担当します。スタジオではガンマイクという長いマイクで音声を拾います。

メイク／スタイリスト

メイクは出演者の髪型を整えたり、化粧をしたりします。スタイリストは、番組に合った衣装を出演者に用意するのが仕事です。

プロデューサー

番組の最高責任者であり、方向性を決める役割です。番組制作のための資金や出演者の管理もおこないます。

ニュースは〝人〟がつくっている

事件や事故、災害などはもちろん、政治や経済の動き、海外で起こっていること、さらに文化やスポーツのトピックなど、日々、さまざまな出来事が起こります。ニュース番組はそうした数え切れない出来事のなかから、**視聴者にとって重要だと思われる情報を選んで伝えています。**

当たり前のことですが、ここで知っておいてほしいのは、ニュースは〝人〟がつくっているということです。私たちはテレビに限らずメディアが伝えるニュースは正しいと思いがちですよね。もちろんニュース番組をつくるすべてのスタッフは、間違ったことを伝えないように努力しています。ただ、人間のやることなので、ミスや間違い

A局のニュースはどのように編集されている？

妊娠と出産のようす、生まれた赤ちゃんの映像を中心にして、公開を待ち望む子どもたちのインタビューをつないでいます。動物園のスタッフにも取材していますが、コメントだけの紹介にとどめています。見た人は「パンダの赤ちゃんかわいいな」「動物園で公開されたら見に行こう」と思うことでしょう。

A局のニュース

××動物園のパンダのメイミンが赤ちゃんを産みました

パンダの赤ちゃん誕生

体長18センチの元気な赤ちゃんだということです

メイミンは妊娠がわかってから体調を崩すことが多く

○月○日
××動物園

妊娠が発覚してから時おり体調を崩していた

パンダの赤ちゃん誕生

動物園のスタッフの懸命のサポートもあり徐々に体調も回復しました

今朝の5時元気な赤ちゃんを産みました

○月○日
××動物園

○日未明に無事生まれる

パンダの赤ちゃん誕生

誕生した赤ちゃんのようすをカメラに収めました

動物園を訪れた子どもたちもうれしそうです

子どもたちの反応

早くみたい

かわいい

赤ちゃんの公開は●月の予定です楽しみですね！

が起こることがあるのです。

また、ニュースをつくるとき、たとえ同じ情報であっても、「ここは入れよう」「あれはカットしよう」といった基準はつくる人によって異なり、取捨選択され、ひとつの動画にまとめられます。こうした作業を「編集」といいます。ですので、同じニュースでもテレビ局によって、印象が違って見えることがあります。また、編集されて放送されたものがすべてではなく、そこからこぼれた情報もあります。**放送されるものがすべてだと思わないことが大切です。**

このページで、出来事の伝え方が、ニュースをつくる人によって異なる例を挙げておきます。「パンダの赤ちゃんが生まれた」という同じ情報でも、編集によってずいぶん印象が異なることがわかるのではないでしょうか。

B局のニュースはどのように編集されている？

B局のニュースでは、パンダの赤ちゃんが生まれたことは最初と最後にしっかり伝えたうえで、パンダの出産をサポートした動物園のスタッフの頑張りを中心に映像を編集しています。赤ちゃんが誕生するまでのスタッフの苦労と喜びを知らせることで、見た人たちの感動を呼び起こそうとしています。

B局のニュース

××動物園のパンダのメイミンが赤ちゃんを産みました

体長18センチの元気な赤ちゃんだということです

NEWS パンダの赤ちゃん生まれる

メイミンは妊娠がわかってから体調を崩すことが多く

○月○日 ××動物園

妊娠が発覚してから24時間体制でケア

動物園のスタッフは24時間体制でメイミンに細心の注意を払いました

スタッフの懸命のサポートでメイミンの体調は回復しました

そして今朝の5時メイミンは元気な赤ちゃんを産みました

お産に関わったスタッフは20名を超えたということです

お母さんになったメイミンも元気とのこと赤ちゃんの公開は●月です

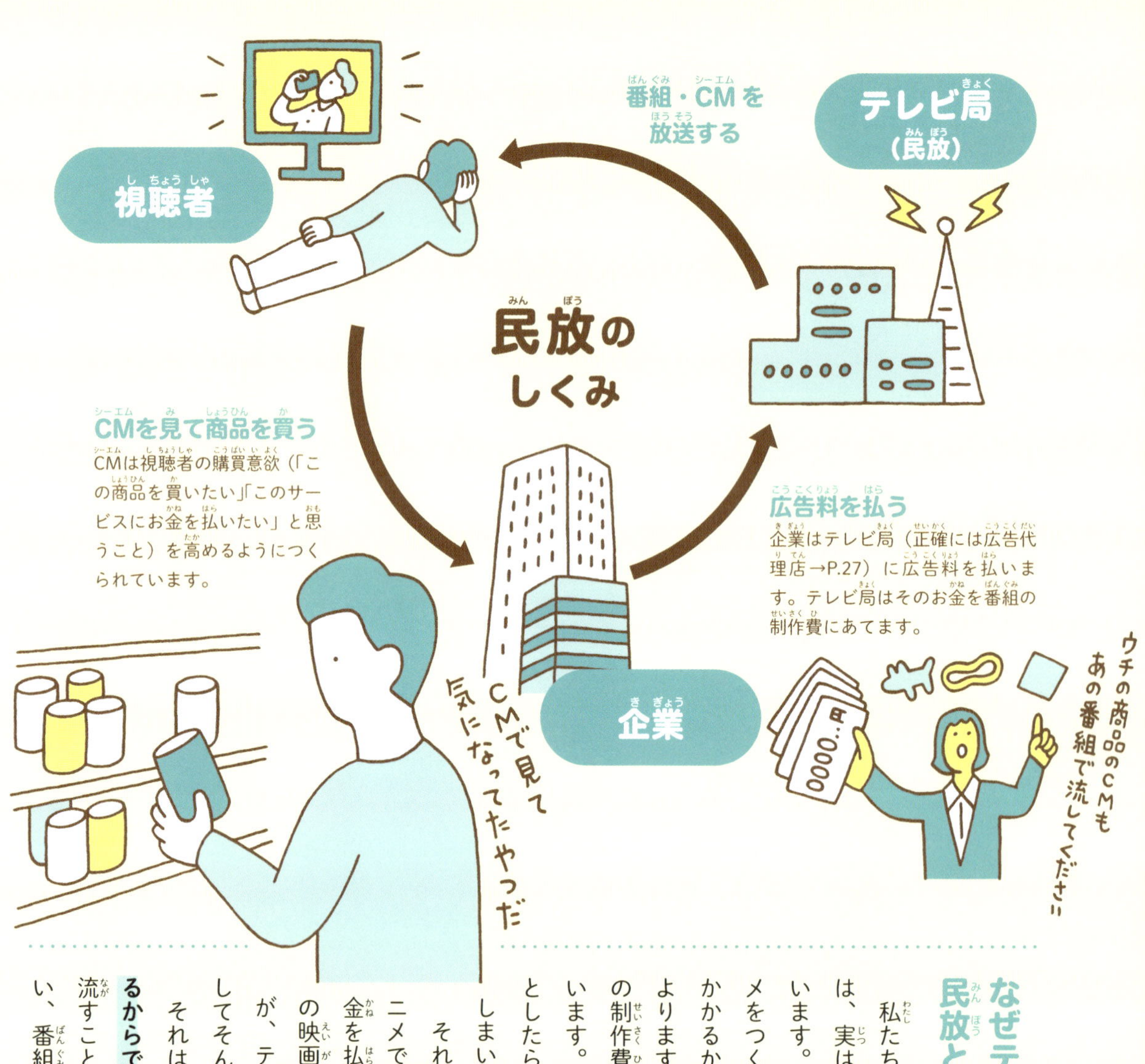

なぜテレビは無料なの？ 民放とNHKについて

私たちがふだん見ているテレビ番組は、実はものすごい制作費がかかっています。たとえば、30分のテレビアニメをつくるのに、どれくらいのお金がかかるか知っていますか？　作品にもよりますが、1話30分のテレビアニメの制作費は1千万円以上だと言われています。そのアニメが12話放送されるとしたら、総制作費は1億円を超えてしまいますよね。

それだけの高い制作費がかかるアニメですが、あなたはそれを見てお金を払いますか？　映画館でアニメの映画を見れば当然お金を払いますが、テレビの場合はタダです。どうしてそんなことができるのでしょうか。

それは**テレビでCMが放送されているからです。**テレビ局は企業のCMを流すことで、その企業からお金をもらい、番組を制作します。CMを見た私

地上波とは異なる放送の形態

NHKや民放の一般的な放送のための電波は「地上波」が使われますが、ほかに人工衛星を使った「衛星波」があります。いっぽう、電波を使わず、インターネット回線で放送を見ることができる「動画配信サービス」があります。

● 衛星放送

BSやCSなどの衛星放送では、スポーツや音楽、映画など、特定のジャンルを専門的に扱うチャンネルがたくさんあり、おもなものに「WOWOW」「スターチャンネル」「キッズステーション」など。

● 動画配信サービス

正確に言うと「サブスクリプション型動画配信サービス」。インターネットを通じて動画を配信するサービスです。月額の料金あるいは年会費を払えば、そのサービスが提供している動画が見放題になります（例外もあり）。このサービスでしか見られないオリジナルの作品もあります。おもなものに「Netflix」「U-NEXT」「Amazon Prime」など。

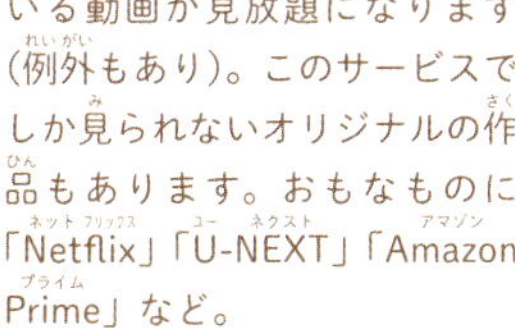

公共放送と国営放送

NHKは受信料を払っている国民のために番組をつくっているので公共放送です。なお、国営放送は日本にはありません。国営放送とは国が税金を財源にして管理・運営する放送のことで、受信料はタダになりますが、国が運営することによって、そのときの政府の影響を大きく受けることもあります。

たち（消費者）は「この商品が欲しい」と思うので、企業の商品がたくさん売れるようになります。これがテレビ局を支えるしくみです。

でも、あなたやあなたの家族は、テレビを見るためにお金を払うこともあるでしょう。まず頭に浮かぶのはNHK（日本放送協会）でしょう。NHKは視聴者から集めたお金（受信料）で番組をつくるため、企業のCMは流れません。**NHKはお金を払う私たちのために番組をつくるのが目的の公共放送です。CMを放送する民間放送局（民放）とは異なるのですね。**

また、CSやBSなどの衛星放送でもテレビ番組を見ることができますが、これらの多くは有料です。見る人から加入料や視聴料を徴収しているので、CMだけに頼らないしくみができています。さらに最近は、インターネットを利用した動画配信サービスがあり、さまざまなサービスが人気を集めています。

テレビとCMには深い関係がある!?

NHK以外の民放テレビ局にとって、**広告料を出してくれる企業（スポンサー）はとても大切な存在です。そのため、番組はスポンサーの影響を大きく受けます。**たとえばあるドラマで飲料メーカーのA社がスポンサーだった場合、登場人物がスポーツドリンクを飲む場面が出てくると、そのドリンクはA社製で、他社のドリンクが出てくることはまずありません（NHKはCMを放送しないので、特定の商品の宣伝にならないように配慮しています。場合によっては商品名やラベルを隠すこともあります）。

また、番組のちょうどいいところで、CMに切り替わるのを見たことがあると思います。それは、視聴者にそのまま番組を変えないでCMを見せるための演出であることがあります。これらの例のように、番組の作り手にとってお金を払ってくれるスポンサーに配慮することは最も優先されることのひとつです。

とはいえ、民放で番組をつくる人たちが全員、スポンサーのことばかり考えているわけではありません。**スポンサーの意向をくみながらも、視聴者のためになる番組をつくっているテレビ関係者はたくさんいます。**

不祥事があるとテレビとCMの関係がよくわかる!?

タレントが不祥事を起こしたとき

その番組のスポンサーが撤退しCMが流れなくなることがあります。また、芸能事務所が問題を起こすと、スポンサーがその事務所に所属しているタレントの起用を中止することも。どの企業もコンプライアンス（法令や社会的ルールを守ること）を重視していますし、視聴者（消費者）からの印象が悪くなることを避けたいからです。

企業が不祥事を起こしたとき

たとえば、ある企業の社員が事件を起こしたとします。もしその企業がニュース番組のスポンサーだった場合、テレビ局がスポンサーである企業に配慮して、事件をニュースで扱うのをためらうことがあります。そうなると適切な報道がされなくなる可能性があります。

広告代理店が果たす大きな役割

スポンサーは、テレビ局にCMを流してほしいと直接依頼することはありません。通常は広告代理店を通すことになっています。広告代理店がテレビ局の持つCMを流す時間帯の「枠」を購入しています。スポンサーは広告代理店からこの枠を買い、CMの制作を依頼するのです。

広告代理店の仕事はそれだけではありません。**テレビ局が企画する番組に合ったスポンサーを探したり、逆にスポンサーのCMを流すのにふさわしい番組をテレビ局に提案したりします。**また、番組を盛り上げるために、出演者のイベントを主催したり、人気のあるドラマの続きを映画にしたりするなど、さまざまなビジネスを提案しているので、広告代理店は企業にとってもテレビ局にとっても、なくてはならない存在となっています。

テレビの広告収入は下がっている!?

テレビの広告費は、長年、日本におけるすべての広告費のなかでトップのシェアを誇っていましたが、2019年にインターネットの広告費に抜かれました。インターネットの高速化やスマホの普及と大容量化で、テレビ以外のデバイス（機器、装置のこと）で動画が気軽に見られるようになったことが原因だと言われています。

CMがつくられるしくみ

テレビ番組やCMをつくる人たちの給料は、元をたどればCMを流しているスポンサーの広告料から出ていることになります。

1-2 新聞はどうやってつくられる？

新聞というメディアは長い歴史を誇り、多くの人に信頼され続けています。その秘密はどこにあるのでしょうか。

新聞は見出しと写真を見ることから！

新聞をパラパラとめくりながら眺めてみてください。**ただめくっているだけで、「今の世の中はこうなっているんだ」となんとなくわかってくる**のではないでしょうか。そう思えるのは、きっと新聞の見出しや写真のおかげです。

見出しとは記事の最初のところにある大きな言葉のことです。記事には必ず見出しがついており、読者の目を一瞬で引きつけるようになっています。そして写真も、どんな出来事があったかがすぐわかるようになっています。

新聞は文字がたくさんあるから読むのが大変、と思う人もいるでしょう。でも、新聞をすみからすみまで読む必要はありません。**まずは見出しと写真を見て、興味を持った記事をじっくりと読むといいでしょう。**たとえば大きな事件の記事があったとしたら、新聞は続けてその事件の記事を載せるので、まるで連続した物語を読むように、日々明らかになってくる事実を知ることができます。

もちろん、新聞は日々の事件だけでなく、マンガも載っていますし、スポーツの試合の結果や、芸能人のインタビューなど、読者を楽しませることにも気を配っています。世の中のことが（大まかに）理解でき、しかも楽しむこともできる新聞はとても優れたメディアです。

本文
記事の具体的な内容が書かれている文章です。「いつ」「どこで」「誰が」「どうした」という結論から書かれており、そのあとにくわしい説明が続いています。なお、大きめの記事には、本文の前に内容を短くまとめたリード文が入ります。

見出し
記事で最も伝えたいことを、インパクトのある言葉で表しています。新聞によって見出しの付け方に個性があり、見比べると楽しいです。

“社説”はその新聞社の意見

各新聞社が自分の会社の意見として掲載する文章を社説と言います（論説と呼ばれることもあります）。政治や経済、社会の出来事に対する意見は新聞社ごとに異なります。同じテーマについて各社の社説を読み比べると、それぞれの立場や意見のちがいがよくわかってきます。

A新聞の社説
AIをもっと活用しよう！

B新聞の社説
人間の力をもっと活用しよう！

広告

企業などがお金を払って広告を出しています。広告の大きさによって払う金額が異なります。新聞社にとって購読料と並ぶ、大切な収入源です。

コラム

今の問題や社会のありかたについて解説したり、批評したりする欄のことです。記者だけでなく、作家や芸能人などが連載で書くこともあります。

写真

どんな出来事があったのか、すぐわかるような写真が選ばれるので、視覚的な効果は絶大です。

新聞の紙面にはさまざまな種類の記事が載っている

政治・経済面

政治面では政府や政治家の動き、経済面では企業や株、為替の動きを伝えます。トップ面に置かれることが多いです。

文化面

美術や音楽、映画や本などの紹介や批評、アーティストや芸能人などのインタビュー記事が掲載されています。

国際面

海外での出来事を伝える面です。アメリカや韓国など、日本とつながりの深い国については大きめに扱われます。

生活面

健康や医療、冠婚葬祭についての情報や料理のレシピ、お正月やお盆など、季節に合わせた情報が掲載されています。

社会面

社会的にインパクトのある事故や事件、有名人の死亡記事など、読者の関心が高そうな記事が載っています。

地域面

その地域で起こった事件や出来事を記事にしています。地域で生活する際に役立つ情報も載っています。

スポーツ面

プロ野球や大相撲などのスポーツの試合結果や、選手のインタビューなどが載っています。

その他

連載マンガ（4コママンガなど）／連載小説／テレビ・ラジオ欄／天気予報／株価情報 など

新聞ができるまでにはいろいろな人が活躍！

1 情報を集める

記者はふだんから、自分が担当する分野の取材を続けています。さまざまなメディアに触れ、記者自身の人脈を生かして情報を手に入れるなど、記事になりそうなネタ（材料や話題のこと。「タネ」が語源）を集めています。

2 現場に行き取材する

集まった情報をもとに、取材に行きます。あるいは事件が起こると現場に急ぎ、関係者の話を聞きます。カメラマンと一緒に行くこともあれば、自分で写真を撮ることもあります。

3 原稿を書く

取材をした記者が記事を書きます。大きな事件の場合は、複数の記者から情報が集まってくるので、それを一人の記者が記事にします。

4 原稿のチェックを受ける

記者の原稿をデスクがチェックします。記者の勘違いや思い込み、誤解をまねくような原稿を記事にするわけにはいかないので、厳しいチェックが入ります。

信頼できるメディアだと思われている理由を探る！

日本新聞協会の調べ（2023年）によると、各メディアの印象・評価をたずねる調査では、「情報の信頼性が高い」という項目で新聞はテレビやインターネットをおさえてトップでした。なぜ新聞はそれだけ高い評価を得ているのでしょう？　それは新聞のつくられ方を見るとよくわかります。

新聞をつくる人と聞いて、最初に浮かぶのは、事件を取材して記事を書く「取材記者」でしょう。記者は取材したことが本当に正しいか、複数の人に話を聞き、裏付けとなる証拠を固めて記事を書きます。**誤報を出すと、そのせいで人生が狂わされる人も出てきてしまう**ため、責任重大です。

その記事を「デスク」と呼ばれる編集の責任者が確認します。また、記事を整理する記者もいます。必要に応じ

5 記事を整理する

整理担当の記者が原稿を読み、間違いがあったら直します。そして見出しをつけ、写真を選び、新聞のどこにレイアウト（配置）するかを決めていきます。

6 記事の間違いを直す

校閲という役割の人が、文字や内容が間違っていないか、さらにこの表現が誰かを傷つけていないかなどを確認して訂正していきます。

7 印刷する

記事のチェックが終わると、レイアウトされた紙面のデータが印刷する部署にまわされます。輪転機という大きな印刷機で、大量に新聞が印刷されていきます。

8 配送・配達される

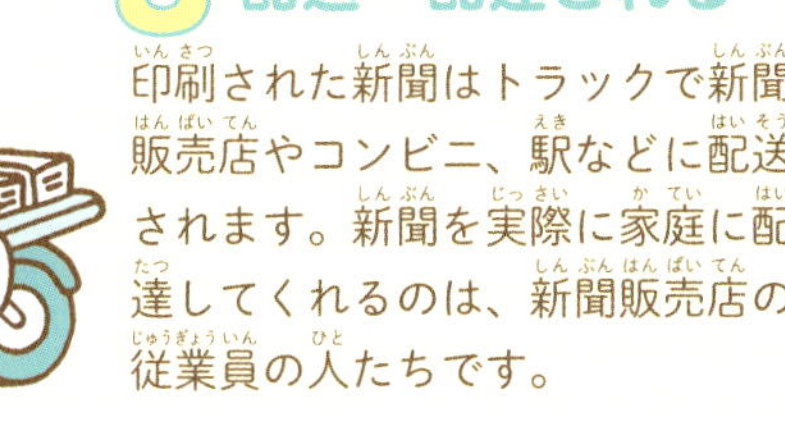

印刷された新聞はトラックで新聞販売店やコンビニ、駅などに配送されます。新聞を実際に家庭に配達してくれるのは、新聞販売店の従業員の人たちです。

デジタル新聞はどのようにつくられる？

新聞社の多くは紙の新聞だけでなく、デジタル版もつくっています。取材記者が書いた記事のなかから、デジタル担当の編集部員が、多くの人に読まれそうなものを選び、読まれそうな時間にサイトにアップします。記事の内容は、基本的に紙の新聞の記事と同じですが、デジタル新聞にはスペースの制限がないので、写真を多めに載せたり、記事を長くしたりすることが可能です。

て図やイラストを描く人も参加し、ひと通り記事がまとまると、「校閲」と呼ばれる人がチェックします。新聞の試し刷り確認後、編集長の責任のもと、新聞が印刷されていきます。このように、多くの人が分業しながらつくりあげていくのが新聞です。**もちろん人間のやることなので、新聞にも間違いは起こりますが、できあがった新聞の内容はかなり信頼できるものになる**と言ってよいでしょう。

新聞社によって論調のちがいがある

新聞の読み比べをしていると、同じ出来事を記事にしているのに、新聞によって論調が違う（意見が異なったり、読んだあとの印象がまるで違ったりする）ことがあります。なぜかというと、**新聞はそれぞれ異なる立場や意見を表すことができる**からです。テレビの場合だと「放送法」というものがあり、政治的に公正であることが法律で定められていますが、新聞はそうした法律がなく、独自の立場を取ってもかまわないのです。

　たとえば、政府が税金を増やそう（増税）とする動きがあったとき、それに賛成する立場の新聞社は、増税することのメリットを書くでしょう。増税に反対の立場を取る新聞社であれば、批

20●●年●月●日　朝毎新聞　第00000号

政府が増税の検討開始

市民の生活圧迫される可能性

不安な町の声

朝毎新聞
20●●年（令和●年）●月●日 月曜日

パンダの赤ちゃん誕生！〜
○○○○動物園

増税に批判的な立場の新聞

増税をすると物価が上がる可能性があり、生活が脅かされそうな市民の立場から記事がつくられています。今後の生活を心配する家族や、増税に反対する人の声などを取材しています。

増税は困る！

投票箱

選挙では増税反対の候補に入れよう！

これからどんどんお金がかかるのに…

判的な記事を書くことになると思います。

実際のところ、増税について はさまざまな意見があり、賛成か反対かを断定することは大変難しいのですが、**立場の異なる新聞を読み比べることで、多種多様な意見を知ることができます。**図書館などで簡単に読み比べができるので、ぜひ試してみてください。複数の情報に触れる習慣を身につけて、メディアリテラシーを高めていきましょう。

通信社の役割って何？

全国の読者に共通のニュースを伝えるのが全国紙で、それぞれの地域のニュースを中心に伝えているのが地方紙です。地方紙の記者は地元の取材が中心なので、国会の動きや海外の状況を取材することはなかなかできません。そのため自分たちがカバーできないニュースは、通信社の記事を購入して紙面に掲載しています。通信社には新聞社と同じく記者がいて取材をしますが、新聞は発行せず、新聞社やテレビ局、オンラインメディアなどに供給しています。おもな通信社に、共同通信社、時事通信社（ともに日本）、AP（アメリカ）、ロイター（イギリス）、新華社（中国）などがあります。

増税に賛成の立場の新聞

税金が医療や介護などの社会保障の充実や、教育費の支援などに使われるので、むしろ増税は市民に恩恵があるとしています。恩恵を受けそうな介護職員に取材した記事なども入れています。

私の授業料にも補助があるの？
介護士さんの給料が上がるのはいいな…

新聞の役割をあらためて考えてみよう

新聞は、記者がしっかり取材した多種多様なニュースを毎日私たちに届けてくれます。価格は一部150〜200円（2025年3月現在）ぐらいですから、かなりお得なメディアだと言っていいかもしれません。でもインターネットでニュースを見るのはタダだし、新聞なんていらないよと言う人もいます。本当にそれでいいのでしょうか？

実はインターネットのニュースの多くは新聞社の記事がもとになっています。現在、大半の新聞社は自社のウェブサイトを持っていてニュースを発信していますし、「Yahoo!」などのポータルサイトはそうした新聞社のニュースを転載（別の媒体に掲載すること）しています。つまり、新聞がないとニュースサイトは運営できなくなってしまうのですね。

インターネットだけでなく、テレビも新聞の記事をもとに報道することがあります。新聞を何紙も並べて「今日のニュースは……」と紹介するテレビ番組を見たことがある人も多いでしょう。**新聞はニュースの第一報を報道するメディアとしてなくてはならないもの**だと言えるでしょう。

新聞のネタがほかのメディアへ

インターネット

「Yahoo!」などのポータルサイトには、注目度の高いニュースが掲載されています。よく見ると、それぞれの記事には発信元が書かれており、おもに新聞社やテレビ局のニュースがもとになっていることがわかります。

雑誌（週刊誌）

新聞に掲載されたネタをもとに、後追い取材をするケースが多く見られます。なかには新聞やテレビが追いかけないネタをつかみ、大きく発表して人々を驚かせる雑誌（週刊誌）もあります。

テレビ

ニュース番組も新聞の報道を見て、同じネタで後追い取材をするケースがあります。テレビ局にも記者がいるので、独自の取材をして放送することもありますが、記者の数は新聞社と比べて多くありません。

新聞はノイズだらけだから面白い！

新聞の良いところは「ノイズ（騒音）」があることです。そのどこがいいのでしょう？ 新聞をめくると、いろんなニュースが目に入ってきますよね。たとえ興味がない分野、つまりノイズだと思われることでも、見出しや写真に惹かれて読むことも出てきそうです。インターネットだとそうはいきません。多くの人は自分の興味のあることしか検索しないでしょうし、SNSでつながっている人は、自分と興味や関心が似通っているので、なかなか世界が広がりません。新聞はあなたの興味や関心を広げてくれるメディアとしてとても優れているのです。

「ファクトチェック」でウソやフェイクを暴く！

新聞の優れているところは、記者が取材をすることで、世の中のこと、特に政治についての情報が得られることです。また、政治家などの権力者が悪いことをしないように記者が目を光らせているので、政治が正しくおこなわれるための支えともなっています。さらにいくつかの新聞は、**政治家の国会や記者会見における発言について、事実関係を確認し、正しいかどうかを評価する「ファクトチェック」をおこなっています。**

ファクトチェックは、2016年の大統領選挙（トランプ氏が勝利）のころからアメリカで盛んになった手法です。政治家の発言が事実にもとづいているかどうかを確かめるために、公開されている資料をしっかり読み込み、公的な機関に連絡を取ってデータなどを確認します。場合によっては新たに取材もおこないます。そしてその発言が正しいかどうかを公開しています。そして大事なことですが、ファクトチェックは、誰かの発言を批判することではありませんし、その人の人格を否定するものでもありません。**どんな人（メディア）にも間違いがあるという前提に立ち、それを指摘する取り組み**なのです。

1月 8月

ウイルスは日光と高温多湿に弱いので夏になると下火になるでしょう

FACT CHECK

アメリカの大学の研究チーム

あるウイルスは、低温で乾燥したところでは長く生き残り、高温で湿度が高いところでは生き残りにくい傾向があるとする実験結果を発表。

中国の医療専門誌

そのウイルスは高温で湿度が高いと活性化しなくなるが、日光がウイルスを殺すという証拠は見つけられなかったと発表。

この政治家はアメリカの大学の研究チームの発表をもとに答弁しているようですが、日光と高温多湿が感染を減らすという証拠はまだ見つからないと報告している機関もあります。答弁は間違いではありませんが、正しいと判断するのは無理があります。

1-3

本・雑誌はどうやってつくられる？

新聞と並び、長い歴史を持つメディアです。身のまわりにある本や雑誌のメディアとしての役割を学んでいきましょう。

本（書籍）と雑誌のちがいとそれぞれの特徴を知ろう

本や雑誌は、基本的に対象とする読者を決めてつくられており、扱うテーマもはっきりしています。内容が伝わる速さはインターネットやテレビにはかないませんが、その分、**時間をかけて深く掘り下げながらつくられているのが特徴**です。

本（書籍）と雑誌のちがいをわかりやすく言うと、**定期的に発行されるかどうか**です。本は一回限りの発行で、それぞれ単独のタイトルがついたメディアです。

一方、雑誌は、週ごとや月ごと、あるいは季節ごとなど定期的なペースで発行されます。すべて同じタイ

本作りに関わる人たちの例

トルがつけられていて、「第○号」とか「○月号」とかいった号数がつきます。また、広告が入っているのも雑誌の特徴です。

本と雑誌のちがいはもうひとつあります。それは**長く読まれるものとしてつくられているかどうか**です。雑誌は次の号が出れば、それまでの号は古いものとして書店に置かれなくなります。そういう意味では新聞と似ています。本は、長く書店に置かれることを想定してつくられます。何十年ものあいだずっと読み継がれているロングセラーの本も、たくさんあります。

愛されつづけて50年
ベストセラー

長く読まれてるんだな

本や雑誌は少人数のスタッフでつくられている

2023年に新しく刊行された本（新刊書籍）は6万4905点です。単純に計算すると、1日に180冊ほどの本が出ていることになります。また、雑誌は2389点です（総務省統計局「出版年鑑」より）。本も雑誌も、かなりの刊行点数だと言えるでしょう。

本（書籍）や雑誌はおもに出版社がつくっていますが、その数は約3千社です（2022年時点）。日本にあるテレビ局（地上波放送局）が約130、新聞社が約100社なのと比べると出版社の数は圧倒的に多く、社員が5千人以上という大きな出版社から、社員が社長だけという小さな出版社まで実に多種多様です。こうした多くの出版社がそれぞれのテーマで膨大な種類の本や雑誌を読者に届けているのです。

本や雑誌をつくるのは出版社の編集者（社員）だけではありません。作家やライター、デザイナー、イラストレーター、マンガ家、カメラマン、校閲といった外部のフリーランス、さらに印刷会社の人たちが、その本や雑誌ごとに力を合わせてつくっています。

本（書籍）のいろいろ

- 小説
- マンガ
- ゲーム攻略本
- 写真集
- ライトノベル
- 絵本
- 参考書、問題集
- 図鑑、辞書 など

雑誌のいろいろ

- マンガ雑誌
- ゲーム雑誌
- アニメ雑誌
- スポーツ雑誌
- ファッション誌
- 旅行雑誌
- 料理雑誌
- 文芸雑誌（小説などが載っている）
- 音楽雑誌 など

司書さんに相談してみよう！

司書さんは、本の貸し出しや返却を受け付けてくれるだけでなく、利用する人のためにふさわしい本を検索して紹介してくれる本のスペシャリストです。町の図書館には必ずいますし、学校の図書館にも司書さん、あるいは司書の資格のある先生がいるので、相談してみるのもいいでしょう。あなたにふさわしい本との出合いがあるかもしれません。

なんかおもしろそう

なんで鳥って飛ぶのかな？

自分に合った本や雑誌を見つけるには？

あなたはよく本や雑誌を目にすると思います。書店はもちろん、学校や図書館には本や雑誌がたくさんありますよね。日々の生活のなかで友だちとマンガ雑誌の貸し借りをすることもあるのではないでしょうか。小学校や中学校では「読書の時間」として本を読む授業があったり、読書感想文が宿題やコンクールの課題になったりして……。でも、なんとなく「読むのはめんどくさい」「文字ばかりで難しそう」と思う人もいるかもしれませんね。

　しかし、**本や雑誌は気軽に楽しむことのできるメディアです。**そして**「こう読むのが正しい」という決まりもありません。自由気ままに触れていいの**

テレビ／新聞／本／雑誌 こんなときはこのメディア!!

ここまで説明してきた「テレビ」「新聞」そして「本・雑誌」とうまく付き合っていくには、それぞれのメディアの特質（長所や短所）を知っておくことが必要です。

●速く伝えてくれるのは？

1位 テレビ
2位 新聞

3位 雑誌
4位 本

テレビは、突然起こった地震や大きな事件、有名人の訃報（亡くなったことを知らせること）といったニュースをいち早く知ることができます。その速さはほかのメディアとは比べものにならないほどですが、よりくわしい情報となると、続報を待つか、新聞や雑誌でまとまったものを読むことになります。

●深く知ることができるのは？

1位 本
2位 雑誌

3位 新聞
4位 テレビ

くわしい情報は、取材する人がある程度の時間をかけないとわかりません。たとえば、テレビで事件が発生したことを知ったあとは、よりくわしいことが書かれている新聞で確認するとよいでしょう。本や雑誌は新聞よりもっと長い時間をかけて取材するので、事件が起きた背景や問題を深く理解することができます。

電子版の本や雑誌が人気を集めている！

最近はスマホなどで読める電子コミックや電子書籍が人気を集めており、出版市場における割合は33.5%と、全体の３分の１ほどになっています（2023年出版科学研究所調べ）。出版社も印刷費用や紙の材料費などが浮くため、電子版のみで発売するケースも増えています。アマゾンが提供している電子書籍のサブスクリプション「Kindle Unlimited」では読み放題のサービスもあり人気を集めています。

です。たとえば、表紙にはタイトルやイラスト、写真などが載っているので、「これは面白そう！」と思ったら手に取って見てみましょう。たいていの本には、表紙や裏表紙、本をめくってすぐのところに、目次やあらすじが書かれているので参考になります。実際に読んでみて、もし面白ければ同じ著者（作者）の本を読んでいくと読書の幅が広がります。一冊でも二冊でも**「読んでいて楽しいな」「夢中になって読んじゃった」と感じられる読書体験を重ねていくと、本や雑誌というメディアの良さに気づけるはずです。**

また、本や雑誌に触れる機会で多いのは、調べたいことや知りたいことがあるときかもしれません。そんなときは図書館で図鑑や百科事典などで調べてみるといいでしょう。そこで得た知識をもとに、気になるキーワードで図書館の司書さんに参考になる本を教えてもらったり、検索機で検索したりすると、読みたい本が見つかるはずです。

1-4 メディアを見る目を養おう

テレビや新聞、本や雑誌などのマスメディアからは、毎日大量の情報が流れてきます。それらの情報の善し悪しはどのように見分けたらいいのでしょうか。

私たちは「ステレオタイプ」にとらわれている!?

ここで質問です。テレビで次のようなドラマがつくられることになったとします――舞台は大病院。若くしてこの病院の院長になった医師が主人公です。患者のことをまともに考えず、お金もうけのために病院を乗っ取ろうとするベテラン医師たちと対立します。そんな困難のなか、主人公は優しい看護師の助けを得ながら、患者さんたちのために理想の病院づくりを進めていきます――こんな内容のドラマですが、あなたは、主人公の医師はどんな俳優が演じたらいいと思いますか？　また主人公を助ける看護師はどんな俳優が頭に浮かびますか？

もしかしたら、医師を演じる俳優は「男性」、そして看護師を演じる俳優は「女性」と考えたのではないでしょうか。女性の医師や男性の看護師もいるのに、なぜそう思ったのでしょう？

そう考えたあなたは、医師や政治家、科学者など専門的な職業に就いているのは男性で、看護師や介護士などサポートやケアにまつわる職業は女性という考えにとらわれているのかもしれません。このような思い込みを「ステレオタイプ」と言います。**ステレオタイプは、性別や職業、人種や民族など、さまざまな集団に対してつくられ、私たちの考え方に根付いているものです。**

男性医師、女性看護師が主人公のドラマ

女性医師、男性看護師が主人公のドラマ

メディアから発信される「ステレオタイプ」に注意!!

たとえば「西洋人は自己主張が強い」とか、「都会には危険がいっぱい」とかいった考え方はステレオタイプ（自己主張をしない西洋人もいますし、都会は必ずしも危険ではありません）ですが、特定の集団や地域に対して、**ざっくりとイメージをつかむことができるという利点もあります。**

一方で、**ときとして差別や偏見につながる危険性がある**ことを知っておいてください。先の例で言うと、西洋人は自己主張が強いからと避けてしまうと、交友関係がせまくなり、ますます彼らへの偏見が強まりそうです。

などといった主語が大きい「西洋人は〜」「都会は〜」**言葉には、ステレオタイプな考えが含まれる場合が多いので注意しましょう。**

食事のしたくをするのは女性!?

ドラマで、当たり前のように食事のしたくをする女性と、料理ができるのを待つ男性が出てきました。一見、何ごともない平和な場面に見えますが、家事は女性の役割だというステレオタイプが見受けられます。こうした場面を当たり前のように見るのではなく、なぜ食事のしたくをするのは女性だけなんだろう？　と考えてみるといいでしょう。

無職の人は犯罪を犯しやすい!?

連続窃盗犯が逮捕された新聞記事で、見出しに「無職の男性」であることが示されています。無職の男性は犯罪を犯しやすいというステレオタイプがこの見出しから感じられます。この見出しの影響で、無職の男性への偏見が強まるかもしれません。

関西弁を話す人はお笑いが得意!?

東京が舞台のドラマで関西弁を話す人が出てきました。お調子者でよく一発ギャグを言う人物です。こうした人が出てくるドラマに慣れていくと、関西の人は、面白いことを言ったり、ギャグで笑わせてくれたりするというステレオタイプが植え付けられます。関西の人がみんなユーモアにあふれているわけではなく、お笑いに興味がない人や無口な人もいます。

メディアがやってしまう「やらせ」とは？

テレビや新聞などのマスメディアは、人々に大きな影響を与える力があります。間違った情報を流さないように、メディアの送り手の人たちの多くは、しっかりした心構えで番組や記事をつくっています。しかし、繰り返しになりますが、**テレビ番組や新聞記事、本や雑誌もつくっているのは人間なので、間違いを犯してしまうこともあるのです。**

2007年のことになりますが、あるテレビの情報番組で、「納豆を食べるとダイエットに効果がある！」という特集が放送されました。それを見た視聴者がスーパーなどに殺到して納豆が品薄になり大きな話題になりました。しかし、納豆でやせたと紹介された人は、実際はダイエットの実験に参加していませんでした。さらにダイエット効果があると証言したアメリカの大学教授の日本語字幕はウソだったことが判明して、番組は打ち切りになってしまいました。このケースのように、**事実と違うことを、あたかも事実のように見せることを「やらせ」と言います。**やらせは私たちのマスメディアへの信頼を大きく損なう行為であり、あってはならないことです。

打ち切り

やらせが起こる背景

さまざまな理由がありますが、番組や記事の作り手が、「こんな場面があると画（え）になる」「こうすれば視聴率が上がる」という意識が強すぎて、事実とは違うことをでっち上げる（ねつ造とも言います）ことでやらせが起こることがあります。

やらせと演出の区別はなかなか難しい!?

「やらせ」とともに、メディアに接するときに意識してほしいのは、「演出」です。たとえば、先ほどの納豆ダイエットの番組をつくるときに、納豆を食べた人が劇的にやせた場面で、すごく感動的な音楽を流したり、やせた人に「ちょっとオーバーに涙を出して喜んで」と指示をしたりすることです。つまり**演出とは、番組をより面白く、ドラマチックなものにするために調整すること**を言います。

番組が面白くなるかどうかは、演出を担当する人次第でもあります。「やらせ」とは違い、事実でないものを事実として見せるわけではないので、演出自体は悪いことではありません。しかし実際のところ、やらせと演出の境界はあいまいで、区別が難しい場合があります。そんな例をここでいくつか挙げておきましょう。

これはやらせ？ 演出？

1 子どもたちの調べ学習のようすを報道したとき

子どもたちが地元の商店街で調べ学習をするようすを取材しました。子どもたちは商店街の人たちとすでにあいさつをしていましたが、初めてあいさつする場面を撮影したかったので、もう一度「はじめまして」からやり直してもらいました。

演出 子どもたちと商店街の人たちが、一緒に課題に取り組む一部始終を伝えるのが目的ならば、あいさつをやり直すのは演出の範囲内だと考えられます。

2 代役を立ててインタビューを放送した

ある企業の不祥事を告発した社員のインタビューを入れようと思いましたが、その社員は顔を出すことを拒否したので、番組のADを代役にして顔にモザイクをかけ、その社員に見せかけたインタビューを放送しました。ただし、話している内容はその社員からしっかり取材したものでした。

やらせ? 映像に映っているのはその社員ではないのに、社員だと言っている時点でやらせでしょう。放送された内容には偽りはないので、演出の範囲だという意見も出てきそうですが、映像としては不適切だと言えます。イメージ映像であることを伝えたほうがよかったですね。

3 撮りたい動物を別のところから調達した

ある動物番組で、珍しいカエルが生息していると言われる池で撮影が始まりました。ところが、肝心のカエルがなかなか見つかりません。困った撮影スタッフは、近くの大学で人工飼育している同じ種類のカエルを借りて、池に放して撮影しました。

やらせ 撮影したカエルは、その池に生息しているわけではないので、明らかにやらせです。もしかすると、その種類のカエルは池に生息していないかもしれないので、生態系に影響が出る可能性もあります。カエルが見つからないのなら、その企画自体をあきらめるべきでしょう。

マスメディアには権力を監視する役割がある

マスメディアは「第4の権力」と呼ばれることがあります。日本のような民主主義国家には3つのそれぞれ独立した権力（「立法」「行政」「司法」）を持つ機関があり、それぞれがバランスを取ることで、国民の権利と自由を保障するようになっています。これを「三権分立」と呼ぶのは学校で習っていますよね。

マスメディアには、これらの権力を監視する役割があり、ときには世の中を動かすほどの力を持つことから、立法、行政、司法に次ぐ第4の権力と呼ばれるのです。マスメディアがしっかり3つの権力を監視していれば問題はありません。たとえば**政治家が悪いことをしていても、それを正しく調査したり取材をしたりして、中立の立場で私たちに伝えてくれたらとても頼もしい存在になります。**

表現の自由とプライバシーについて

私たちには「表現の自由」があります。日本国憲法の第二十一条に「集会、結社及び言論、出版その他一切の表現の自由は、これを保障する」とあるように、**私たち個人だけでなく、あらゆ**

るメディアに表現の自由が保障されています。では、どんなことでも好き勝手に発信していいのでしょうか？

たとえば、芸能人にスキャンダルが発生すると、記者やカメラマンが殺到しますよね。その芸能人は明らかに嫌がっているのに、しつこく追いかけ、そのようすをテレビで中継するのは「表現の自由」でしょうか？ また、犯罪で命を落とした被害者の遺族が「今のお気持ちは？」とマイクを向けられる姿がテレビに映し出されるのも「表現の自由」として、許されることだと思いますか？ それとも取材される人たちのプライバシーを侵害していると思いますか？

マスメディアにおいて、「表現の自由」と「プライバシーの権利」を両立することが難しい場合がよくあります。受け手である私たちは、誰かのプライバシーを侵害するような報道を目にしたとき、「これで誰か悲しむ人がいるんじゃないかな」と想像する力を身につける必要があります。そして、もし私たちが単なる興味本位で、芸能人や犯罪被害者のプライバシーを知りたがっていたとしたら反省するべきでしょう。というのも、マスメディアは私たちの興味のあることに応えようとする傾向があるからです。メディアの「表現の自由」を尊重しつつ、誰かを悲しませたり傷つけたりする報道はよくないと言える人が増えていく社会になっていくことが望まれます。

これはメディアで発信していいの？

人気アイドルの熱愛報道

超人気アイドルのRさんが、恋人らしき男性とデートをしている場面がスクープされました。Rさんは「ただの友だちです」と話しますが、記者はしつこくRさんを追いかけ、ついには彼女の自宅があるマンションにまで押しかけてそのようすを番組や記事にしています。

Check! Rさんをつけ回し、自宅にまで押しかけるのはプライバシーの侵害と言えるでしょう。メディアは自分たちの「表現の自由」をかざして、過剰な取材をしているようにも見えます。

加害者家族のプライバシーの報道

ある凶悪事件で逮捕されたSという容疑者の私生活が大きく報道されました。S容疑者の妻の仕事や病歴、子どもの学歴など、家族に関する情報も細かく書かれています。S容疑者の家族は住んでいる家を離れざるを得なくなりました。

Check! 事件の被害者の家族だけでなく、加害者の家族もメディアのターゲットにされることがあります。事件の真相に迫るために、容疑者の生いたちや背景を取材するのは行きすぎとは言えませんが、それをあからさまに報道するかどうかは別の問題です。

たとえば…

「子ども食堂」の情報にもいろいろある！

一次情報

記者が、直接「子ども食堂」に取材した内容を番組や記事にしています。運営している人や、利用している子どもたちの声を直接聞いているので、子ども食堂のリアルなようすが伝わってきます。「子どもだけでなく大人も食堂にやってくる」という状況や「実は運営が大変で、もっと行政から助成金があるといい」という声など、取材することで、子ども食堂にまつわるさまざまな課題を人々に伝えられます。

二次情報

たとえば、「子どもの貧困」についての記事や番組をつくるために、一次情報から得られた「子ども食堂」の情報を引用した場合、この情報は二次情報です。記者が体験したものではないので、「子ども食堂」についてのリアルな状況は伝わりにくくなるかもしれません。「子ども食堂」について基本的な知識は得られますが、信頼性や正確性については、一次情報にはかないません。

マスメディアはなくてはならないメディア？

ここまでのページで、テレビや新聞、雑誌や本といったマスメディアの特徴や、それぞれのいいところや悪いところ、そしてマスメディアの持つ力などについて学んできました。

マスメディアをインターネットと比べ、「オールドメディア」と過去のものであるかのような言い方をしたり、やらせやミスリードが問題になると、「マスゴミ」などと悪口を言う人もいたりします。さらに、若者の活字離れはもちろん、テレビ離れも話題になっています。そんなマスメディアとどう付き合っていけばいいのでしょうか。

それはやはり、マスメディアの特性を知ることから始めるのがいいでしょう。P.39でも触れましたが、基本的にマスメディアは取材や調査をしっかりおこなったうえで番組や記事をつくっています。たとえば、何か事件が起こったら、いつどこで起こったのか、事件の被害はどれくらいか、犯人は捕まったのか、関係者はどんなことを話しているのかなどについて、記者が直接事件の現場に行き取材をします。このように、直接取材したものをまとめたものを「一次情報」と言います。直接取材をせず、たとえば「●●新聞によるとこんな事件が起こりました」と記載された情報は「二次情報」と言います。直接取材をした「一次情報」に比べると、ほかのメディアから引用した「二次情報」は信頼性や正確性に欠けたり、情報が古くなったりする場合があります。このページで「子ども食堂」を例に、「一次情報」と「二次情報」、また、「三次情報」について説明しているので、確認してみてください。

マスメディアは基本的に「一次情報」を集めて報道しているので、情報の正確さについてはかなり信頼性があると思っていいでしょう。インターネットでもニュースが流れていますが、その多くはマスメディアが記事や番組にした「一次情報」を転載したものです。こうしたマスメディアの特性を理解したうえで、賢く接するようにしましょう。

マスメディアが報じない“不都合な真実”ってあるの？

SNSなどで、新聞やテレビなどのマスメディアについて、「実は、何かの強い権力に支配されていて、真実を知っていても圧力がかかって報道できないんじゃないの」と言う人がいます。ですが、そもそもマスメディアはしっかり取材をして、事実関係の確認をとらないと記事にすることはありません。必ず「（証拠）をとる」ことを大切にしているのです。もちろん、偏った報道などには注意が必要ですが、単なるうわさを妄信しないようにしたいですね。

三次情報

インターネットの記事のなかには、一次情報や二次情報をたくさん集めて、それを1つの記事にしたものがよく見られます。そうした記事を書く人は、直接取材をしておらず、さらに、引用する情報が正しいかの確認をすることなく公開する場合もあり、「子ども食堂」について正確ではない情報が書かれている可能性があります。こうした方法で集まった情報は「三次情報」と言われ、俗に「コタツ記事（コタツに入ったままラクに記事が書けるという意味）」と呼ばれることもあります。

番組の「炎上」は誰の責任？

あるバラエティ番組の中継で、お笑い芸人のAさんが水族館のペンギンを紹介するコーナーが放映されました。Aさんはペンギンにエサをやっていましたが、いきなりペンギンの泳いでいるプールに飛び込み大騒ぎとなりました。スタジオにいる出演者はAさんのようすに大笑いして盛り上がり、放映は終わりました。しかしそのあと、水族館が番組側に抗議をしたことがニュースとなり、「ペンギンがかわいそう」「これは動物虐待だ！」などと、Aさんに対する非難が番組のSNSに殺到し炎上しました。これを受けて番組のプロデューサーとAさんが水族館に謝罪をしました。あなたはAさんのやったことをどう思いますか？　SNSでたたく人たちと同じ考えでしょうか？

実はAさんが飛び込んだのは、スタジオにいた司会者が笑いながらAさんに「飛び込むなよ！」と言ったのがきっかけでした。飛び込むなと言われると、お笑い芸人としては「飛び込んだほうが面白いかな」と思ったのかもしれません。また、この中継には台本があり、「エサをやりながらギャグを飛ばす」と書かれており、Aさんはこの台本に合わせて、笑いを取ろうととっさに飛び込んだ可能性もあります。そうした状況を考えると、飛び込んで迷惑をかけた責任は、Aさんだけでなく、この番組をつくっているスタッフやテレビ局にもあるのではないでしょうか。私たちは、テレビで「見えている人」が何か問題のある発言や行動をすると、すぐその人だけをたたきがちです。しかし、画面では「見えない」外側で番組に関わっている人たちがいることを忘れないようにしたいものです。そうした意識があれば、個人をたたく炎上に加担しようとする気持ちにもブレーキがかかるのではないでしょうか。

第2章

「身近」なインターネットメディア

第2話　インターネットにある「答え」

●●●@●●●●●●

今の時代、高校受験で
時間無駄にするより、
投資とか勉強するのに
時間使った方が100倍マシ。

へえ〜なるほどなあ
こういう考え方の人も
いるんだなあ
この人フォロー
してみようっと

こうして僕は受験勉強を
やめた

3か月後

僕高校行かないつもりです
はあ…

おーい、入っていいかー

なあ裕太、あしたヒマ?

え、急に何…

これ、行かね?
OPEN CAMPUS
〇〇大学

兄ちゃんここ通ってるんだもんな
やっぱスゲーよ
僕なんてやりたいことも
思い浮かばないのに

裕太は高校進学したくないんだっけ？
いや、やりたいこととかないし、こうやって言ってる人いっぱいいるし
●●●@●●●●●
10代から投資！勉強会開催
●●●@●●●●●
すぐわかる投資術
発信してます☆
●●●@●●●●●
NFTインフルエンサー
仮想通貨
あー…

まあ別にさ進学しないって選択が悪ってわけじゃないけど、
お前はほんとに投資の勉強がしたいの？
それは…

よお！
智香！

ワイ
ワイ

わ！　彰！
久しぶりじゃん！

え、何
弟くん？

うん
オープンキャンパスだから
連れてきた
最近どう？

ダンスの発表近くて
大忙し
自分の卒論もあるしさ
まあ卒論も
『源氏物語』がテーマだし
趣味みたいな
もんだけど

智香らしいな
まあ無理せず
頑張ってな！

大学のみんな
なんか楽しそうだな

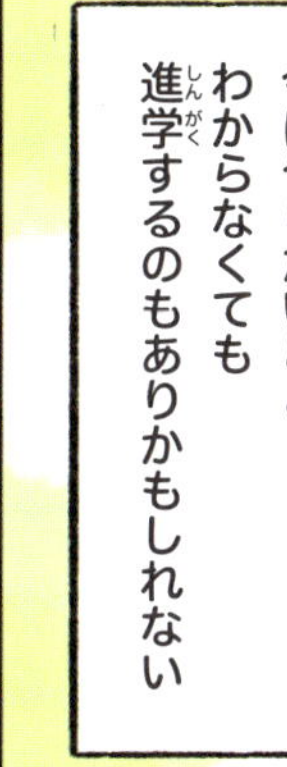
今はやりたいこと
わからなくても
進学するのもありかもしれない

まあ
今日は兄ちゃんの
おごりだからさ
飯食って帰ろうぜ～
うわ！

インターネットでは、
ひとつの意見が「答え」であるかのように
感じてしまうことも少なくありません
ずっと調べているうちに
考えが偏ってしまうことも…

2章ではそんなインターネットの
おさえておきたい特徴について
学んでいきましょう
BOOK

2-1 インターネットでいろいろなことができる

私たちの生活に欠かせないツールとして根付いているインターネット。実際のところ、今どのように利用されているのか、その現状を把握しておきましょう。

インターネットがあれば何でもわかる?

家族や友人と連絡を取ったり、調べものをしたり、ニュースを読んだり、買い物をしたり、音楽を聴いたり、ゲームをしたり……私たちは日頃当たり前のようにインターネットを利用しています。今日の生活に欠かせないツール（道具）と言えるでしょう。

インターネットは世界中のコンピュータが網の目のようにつながっているネットワークで、世界での利用人口は50億人を超えたと言われています。スマホやパソコン、タブレットなどをこのネットワークにつなげば、24時間いつでも好きなとき

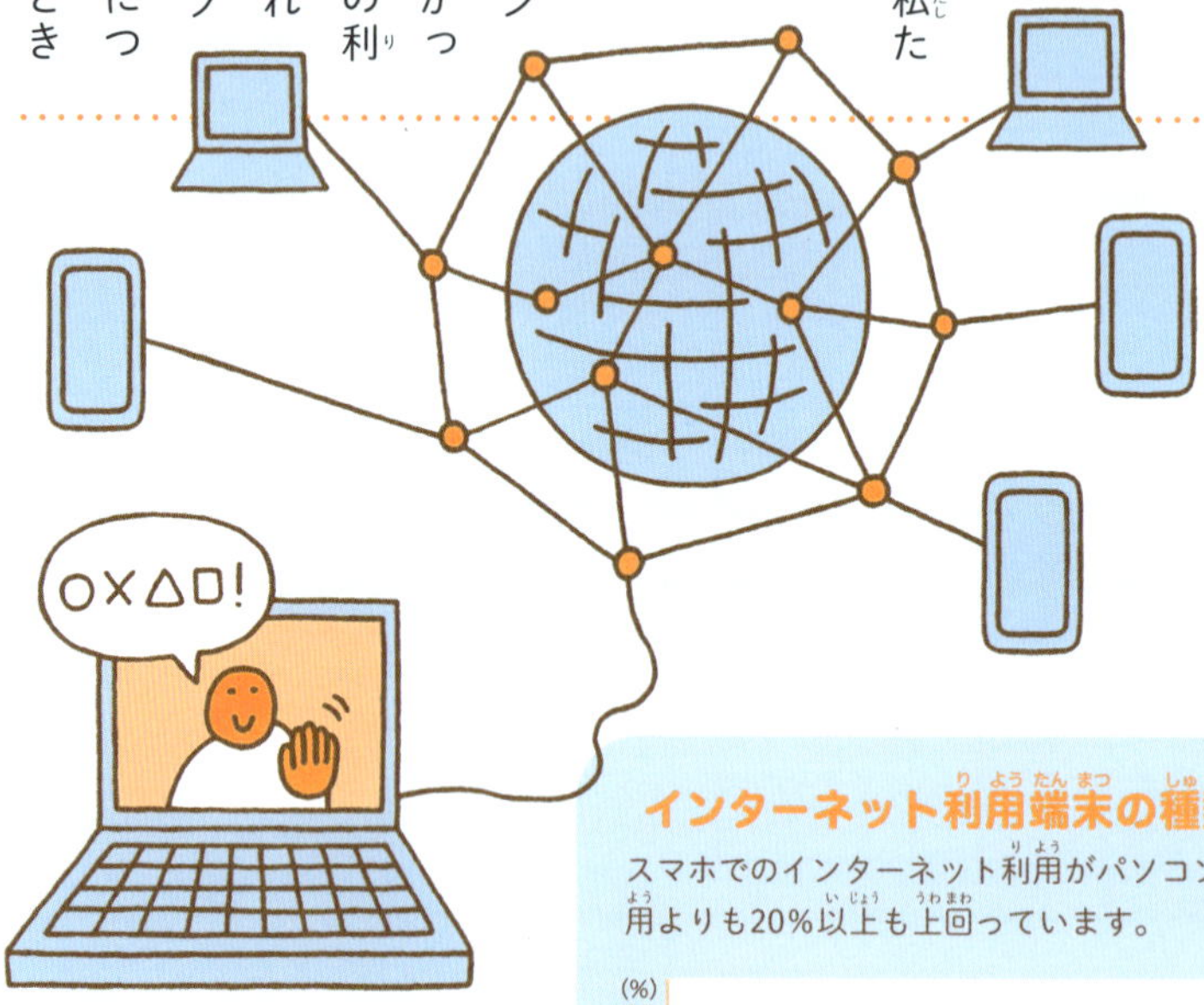

インターネット利用端末の種類（個人）

スマホでのインターネット利用がパソコンによる利用よりも20%以上も上回っています。

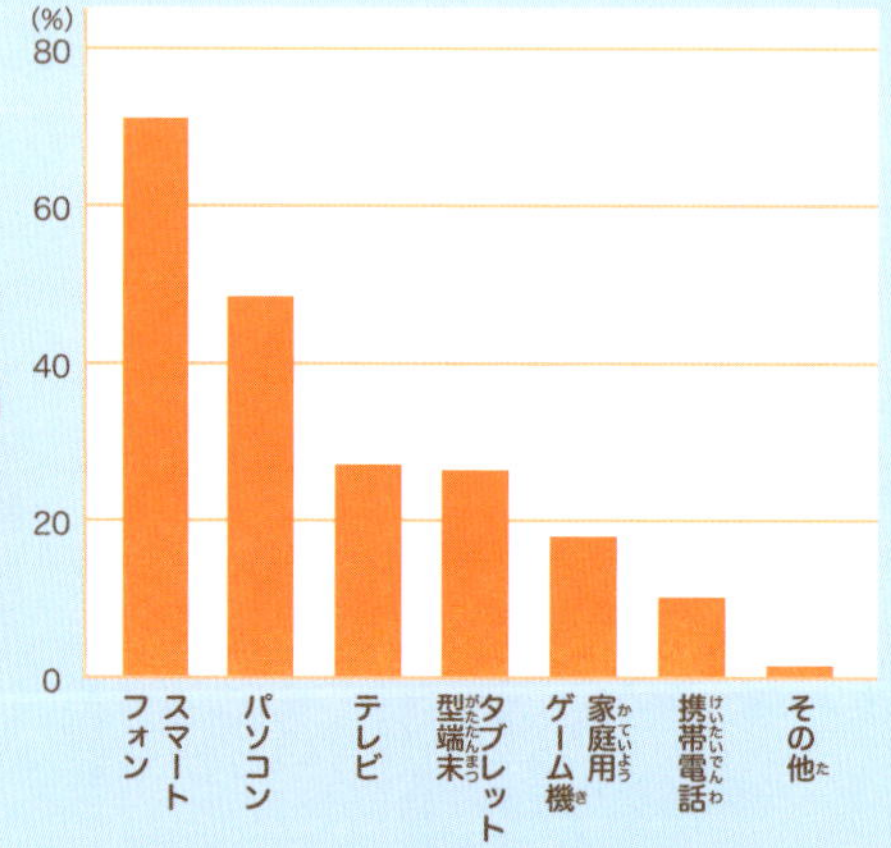

＊（出典）総務省「通信利用動向調査」

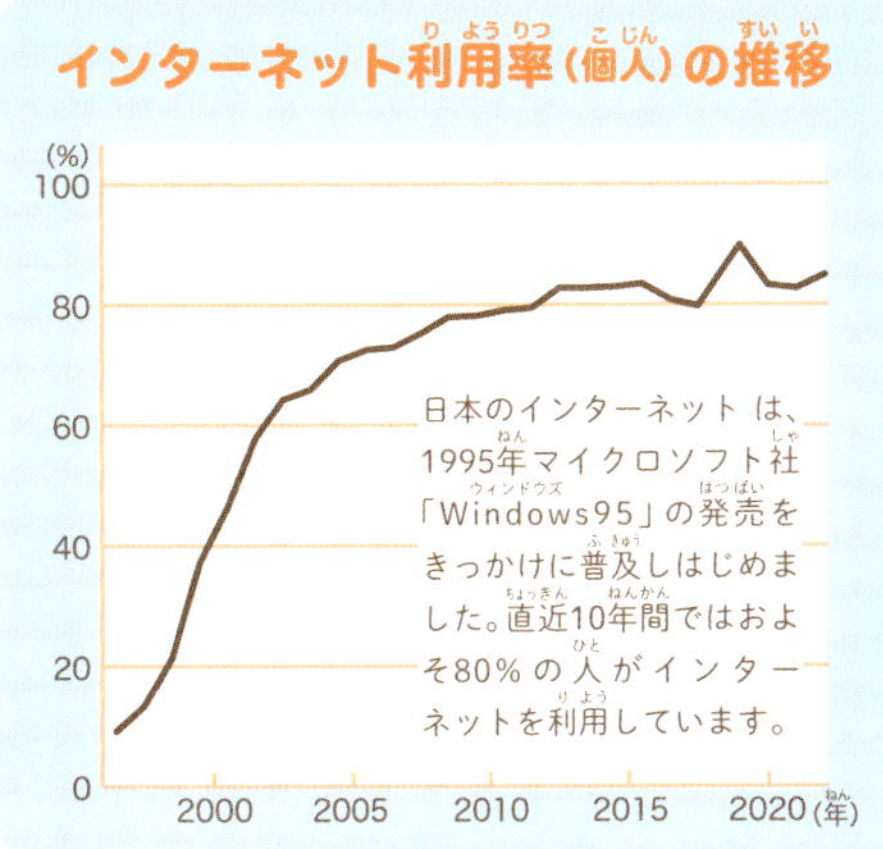

＊（出典）総務省「通信利用動向調査」

に、世界中のあらゆる情報を簡単に手に入れることができます。

普及して約30年。通信技術の発達などに伴い、インターネットは急速な進化を遂げています。**今後も進化し続け、使い方も変化していくでしょう。だからこそしくみや特性をしっかりと学んでおく必要があります。**正しい使い方を身につけて、より便利に、より楽しく利用できるようになれば、インターネットはあなたの可能性を広げるメディアになるはずです。

インターネットはいろんなシーンで多目的に利用されている

インターネットは、職場や学校、友人との付き合いなどさまざまなシーンで仕事、学習、情報収集、ショッピング、娯楽などの目的のために日常的に利用されています。

コミュニケーションを取る

「メール」で連絡したり、「SNS」などでメッセージをやりとりしたりします。「メッセージアプリ」では文章でのやりとりだけでなく、「音声・ビデオ通話」を使う人も多いでしょう。

学習する

遠隔地でも授業を受けられる「オンライン授業」で学習することができます。学校では「タブレット」を使った授業も増えてきています。

仕事をする

最近はZoomなどのビデオ会議アプリが充実しており、場所や時間にとらわれない柔軟な働き方、「テレワーク」が進んでいます。

調べる

検索サイトを利用して知りたい情報が載っているウェブサイトを探します。

買い物をする

「ショッピングサイト」で欲しい商品を購入します。支払いはクレジットカードや「電子マネー」を使って「オンライン決済」をすることができます。

楽しむ

音楽・映画鑑賞やオンラインゲームの用途で使われています。定額を支払うことで一定期間利用できる「サブスクリプション（サブスク）」などのサービスが増えています。

発信や交流ができるインターネット

インターネットの「インター」には「相互」という意味があります。私たちが使っているインターネットは、**一方向ではなく、相互に接続された世界規模のネットワーク**です。

このネットワークを利用して、誰でも手軽に情報を発信し、相互にやりとりできるのがソーシャルメディアです。「ソーシャル」とは、「社会的・社交的」という意味です。まさにネット上の集会所といったところでしょうか。

ソーシャルメディアは情報を発信するだけでなく、「いいね!」など見た人から共感の証しやメッセージを受け取れるしくみになっています。

SNS

ソーシャルネットワーキングサービス(Social Networking Service)の略。プロフィールを公開し、メッセージや写真を発信します。「いいね!」「フォロー」「DM(ダイレクトメッセージ)」などでユーザー同士が交流することができます。個人だけではなく、企業も商品の販売を促すために活用しています。

LINE、X(旧Twitter)、Instagram、Facebook、TikTokなど

ブログ

「ウェブログ」の略。日記やエッセイのような感覚で情報発信をします。有名人が発信することも多く、人気のブログ発信者は「ブロガー」と呼ばれ、ブログの内容が書籍化されることもあります。

アメーバブログ、livedoor Blog、はてなブログなど

インターネットは国や文化を問わず、距離や時間を超えて、知らない人同士であっても交流をすることができるメディアなのです。

誰でも発信できるのがインターネットの特長

テレビや新聞・雑誌などのマスメディアでは、情報を発信するために多くの人手や高価な設備が必要です。しかしインターネットでは、ソーシャルメディアを使って、いつでも誰でも自分の作品やメッセージを多くの人に向けてすぐに発信することができます。

たとえば、発信したい音楽があるとします。あなたは作曲家として曲をつくり、ミュージシャンとして演奏し、記者となってメッセージを書き、カメラマンとして写真や動画を撮り、編集者としてそれらをまとめ、アナウンサーとしてあなたの言葉であなたの曲を世の中の人に紹介することができるのです。

動画共有サイト

動画の投稿や閲覧ができます。個人だけでなく、企業が動画を使って商品説明をしたいときなどに利用することもあります。最近は動画投稿をして収入を得ている人も増えてきています。

YouTube、ニコニコ動画など

情報共有サイト

「口コミサイト」や「レビューサイト」とも呼ばれます。食べた料理や使った商品など、実際に体験したものの評価や感想を書き込みます。投稿された内容が商品の売り上げに影響を与えることがあるので、販売する企業側も注目しているサイトです。

「食べログ」「クックパッド」「価格.com」「トリップアドバイザー」「アットコスメ」など

インフルエンサーってどんな人？

特に定義があるわけではありませんが、SNSや動画投稿サイトなどでフォロワー数が1万～100万以上などと絶大な人気があり、情報発信することでユーザーに大きな影響を与える人のことを「インフルエンサー」と言います。情報発信するまでは有名でなかった一般の人が圧倒的な支持を得てインフルエンサーになることもあります。

2-2 インターネットの特性を知ろう

インターネットはとても便利なメディアですが、いいことばかりではありません。うまく活用するために、その特性を理解しておきましょう。

インターネットには間違った情報も!!

インターネットは受信も発信も、誰でも、いつでも、簡単におこなうことができる便利なメディアです。知りたいことがあったら、すぐに検索して調べられます。かわいいモノを見つけたら、写真を撮ってSNSにアップする人も多いでしょう。簡単で便利なインターネットですが、いいことばかりではありません。たくさんの情報がすぐに手に入り、誰でも簡単に発信できるからこそ、気をつけなければならないことがあります。

新聞やテレビが情報を発信する場合には、記事の内容が正しいか、必ず多くの人がチェックします。しかしイン

インターネットを使うメリットとデメリット

インターネットは簡単で便利なメディアです。でもいいことと悪いことは表裏一体です。便利だから使っていたはずなのに、困ったことになってしまったというケースを挙げてみましょう。

暇つぶしに便利

暇を持て余したときなどに動画を見たり音楽を聴いたりすることがどこでも簡単にできます。

でも…時間を忘れて長時間使い続けてしまう。

使わないアプリを解約し損ねていて、無駄遣いしてしまう。

こんなに払ってたの!?

情報をすぐに入手できる

ネット検索をすれば、すぐに多くの情報を手に入れることができます。

でも…フェイクニュースやデマを信じ込んでしまう。

情報量が多すぎてどれを見たらいいのか迷ってしまう。

どれを信じればいいの?

手軽に買い物ができる

海外など遠方の商品も店に行かずにネットショップで手軽に買い物ができます。

でも…偽サイトにだまされてしまう。

商品が届かない…

よく考えずに高額な商品を買ってしまい、あとで後悔してしまう。

なんで買っちゃったんだろう…

ターネットでは、誰でもすぐに、自分の判断で情報を発信することができます。だからネット上には誤った情報が出回ることが多いのです。それに、インターネットでは残念ながら、意図的にフェイクニュース（ウソの記事）やデマ（いい加減なうわさ話）を流す人もいます。さらに、公的機関や大きな企業のサイトのふりをして個人情報を抜き取るフィッシングサイト、売買してはいけない商品やサービスを不当に扱っている違法サイトも存在します。

インターネットの情報はすべてが正しいとは限らないということを頭に入れて、情報を送受信するときには、ひと呼吸おくことを習慣づけましょう。

インターネットの登場以後、対面や電話でコミュニケーションを取っていた時代には存在しなかった、人間関係の悩みも生み出されています。そういった負の部分のことも知りながら、上手にインターネットを活用できるようにしたいですね。

誰でも情報を発信できる

ソーシャルメディアを使って誰でも簡単に情報を発信することができます。Q&Aサイトなどでわからないことを教え合ったり、口コミサイトで評判をチェックしたり、自分の感想や体験談を書き込んだりすることができます。

フォロワー数や「いいね」の数を気にしすぎて、自分にダメ出ししてしまう。

イヤな書き込みで傷ついてしまう。

写真などの投稿内容から個人情報を特定されてしまう。

不適切な発言がきっかけで炎上してしまう。

24時間いつでも連絡が取れる

メールやSNSを使って24時間いつでも連絡を取り合えます。待ち合わせをするときや緊急時に便利です。

既読になっても連絡がこないことにイライラしてしまう。

都合が悪いときに立て続けにメッセージが届き困ってしまう。

第2章 「身近」なインターネットメディア

インターネットをほかのメディアと比べてみると…

インターネットの登場で、これまでのメディアにはできなかったことができるようになりました。代表的なものが検索機能です。かつては、新聞やテレビがないと、新しい情報を得ることができませんでした。しかも、その情報が自分の欲しい情報なのかどうかもわからなかったのです。その点、インターネットはGoogleなどのポータルサイトでキーワードを入力すれば、自分から欲しい情報を取りに行くことができます。検索すればすぐ出てくるので、最新のニュースを知ったり、辞書や事典の代わりに使ったりしている人も多いのではないでしょうか。

また、その速さにも注目すべきでしょう。テレビも速報性に優れていますが、スマホやタブレットなどを持っていれば、文字や写真、映像などを使って、その場で起きたことをリアルタイムで発信することができます。この速さはほかのどのメディアもかないそうもありません。

そして、いちばんの特長は、誰でも発信できることです。新聞やテレビなどのマスメディアで情報を発信するには、専門の仕事に就いていないとできませんが、**パソコンやスマホがあれば、言いたいことや伝えたいこと、表現したいことを誰でも簡単に世界に向けて発信できます。**この特長によって、インターネットは世の中のありかたを大きく変えました。

情報が伝わるのが速い

テレビ

- □ 映像や音声で理解しやすい
- □ 影響力がある
- □ エンターテイメント性が高い

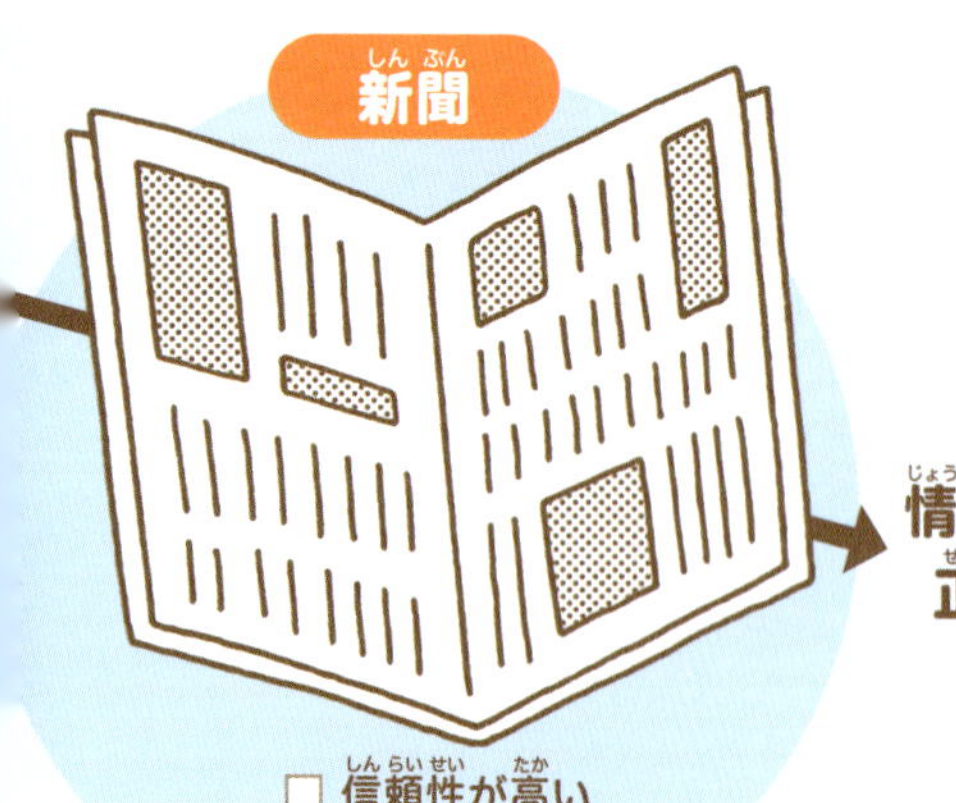

新聞

情報が正確

- □ 信頼性が高い
- □ 情報がくわしい
- □ 幅広い情報を一覧できる

本・雑誌

- □ 専門的なことがわかる
- □ 保存しやすい
- □ デザイン性が高い

インターネットだけに頼ってもいいの？

インターネットでは、検索サイトでキーワードを入力すれば関連するサイトがずらりと並びますし、ニュースサイトでは、次々と更新された最新のニュースが一覧表示され、そこから記事を自分で選んで読むことができます。SNSでは自分のお気に入りのフォロー先から新しい投稿が届くこともあるでしょう。使う人が必要とし、興味を持ちそうな情報を提供することが得意なメディアです。

しかし、インターネットだけに頼ってよいのでしょうか。自分で簡単に探せるから「情報収集はネットで十分」と、**自分が欲しい情報だけ集めてしまうと、考え方や知識が偏ってしまうかもしれません。**

1章でも触れましたが、新聞やテレビでは興味のない情報（ノイズ）も目に入ってきます。本や雑誌は専門的なことを掘り下げて理解するのに必要でしょう。**今まで接することのなかった言葉や情報に触れることであなたの世界は広がっていきます。**インターネットだけでなく、いろんなメディアに接して、それぞれのメディアを賢く利用できるようになれるといいですね。

インターネット

ソーシャルメディア

- □ いつでも情報を入手できる
- □ 誰でも発信できる
- □ 共通の意見を持つ人を探し、集まることができる

ウェブサイト

- □ 検索して調べられる
- □ 情報がリンクされている
- □ 情報が多すぎて絞りにくい

情報の信頼性が低い場合も

一部の本や雑誌

- □ エンターテイメント性が高い
- □ 芸能人のスキャンダルなど、興味本位の情報が多い
- □ 信頼性の低い情報がある

情報が伝わるのに時間がかかる

インターネットの情報は信頼性が低く、紙の本や雑誌は信頼性が高いイメージを持つ人がいるかもしれませんが、本や雑誌のなかには、不確かな情報を面白おかしく載せるものがあるので、気をつけたほうがよいでしょう。

2-3 インターネットでどうやって調べる？

情報を集めるときに欠かせない検索機能のしくみと使い方を理解しながら、自分にとって有益な情報収集のしかたを身につけていきましょう。

インターネットはまず検索することから

インターネットでは、検索ウィンドウに調べたい内容のキーワードを入力すれば、あっという間に多くの検索結果が表示されます。

たとえば、Yahoo! Japanで「メディア」と入力すると、検索されたサイトの数は約9億5千6百万件（2025年2月）！　あまりにも数が多すぎて、どのサイトを見ればいいのか迷ってしまいますね。では、「メディア」「種類」と2つのキーワードを入力するとどうなるでしょうか。すると、3億件ぐらいまで減りました。それでも膨大な数です。すべてのサイトを見

キーワードを入力

検索ウィンドウにキーワードを入力して検索します。入力したキーワードは「検索クエリ」と呼ばれ、検索エンジンに送信されます。「クエリ（query）」とは英語で「質問」という意味です。

検索エンジンはここではたらく！

サイトを検索

検索エンジンのはたらきで、クエリに対して関連性が高く、使う人が必要としていると思われるサイトから順番に検索結果が並べられます。

「パンダ　飼う方法」とキーワードを入れてみると……どんな検索結果が出るのでしょうか？

ることは不可能ですし、自分の知りたい情報が載っているサイトをそこから探すのも大変です。

そこで、検索サイトやアプリでは、「検索エンジン」というシステムを使っています。**検索エンジンでは、必要な情報に効率よくたどり着けるよう、膨大な数を評価し、順位をつけて上から順に表示するしくみ**になっています。まずはその検索エンジンについて理解を深めておきましょう。

検索エンジンのしくみ

Google、Yahoo!、Bingといった、おもな検索エンジンでは、クローラーと呼ばれるロボット（プログラム）が、世界中のウェブサイトの情報を収集してデータベースに登録し、そのなかから使う人に有益だと予想される情報の順に表示するしくみになっています。

よく更新されてる

何のサイト？

クローラー

新しいサイトだ

パンダ　飼う方法

ウェブ　画像　動画　地図　ニュース　一覧

約8,550,000件　1ページ目

パンダを飼うことってできるの？｜Bakuten質問箱

ワシントン条約でパンダを飼うことは禁じられています。しかしワシントン条約を締結していない国ならパンダの飼育が可能かもしれません。

パンダを飼育したい人集まれ！

どんなにお金があってもパンダは家では飼えません。どうしても飼いたければパンダのいる動物園の飼育員になる以外にはありません。飼育員になるための大学・専門学校をまとめて紹介

パンダ飼育員の日々｜浅草ズーランド公式

パンダの森林（シンリン）と木木（モクモク）の飼育員・熊田猫吉さん（67）によるパンダの飼育日記を公開

パンダ飼育員インタビュー

一覧を表示

入力したキーワードと関連性の高いワードも同時に表示されるようになっています。

検索エンジンのシェア（日本）

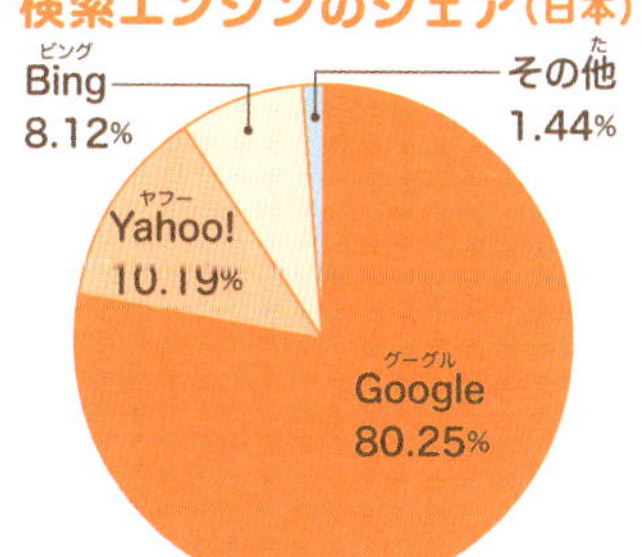

出典：2024年8月時点「statcounter GlobalStats」のデータ

ふーん
パンダは飼えないけどさわると意外とかたいらしい

検索すると、どうやらパンダを飼うことは禁じられているようだとわかります。でも、「飼育員さんの体験談」や「パンダの飼育員になる方法」など、パンダの飼育についてさまざまな知識が得られそうですね。

情報をうまく得るために便利な検索方法を知ろう

必要な情報を得るには、何を調べたいのか、検索エンジンにわかりやすく伝える必要があります。そのために、検索サイトやアプリには左のように便利な検索方法がいくつか用意されているので、覚えておくとよいでしょう。

検索エンジンは進化し続けています。これまではキーワードとウェブサイトの内容が一致する度合いが重視されていましたが、**高度な言語処理技術や人工知能（AI）技術が利用されはじめ、あいまいな表現でもキーワードのニュアンスを理解して関連のあるサイトを判断するようになっています。**つまり、検索エンジンはどんどん頭が良くなっているということです。

さらに、検索は文字だけではなく、画像や音声によっても可能です。たとえばスマホで撮った道ばたの花の写真を画像検索にかけると、その花の名前や種類がわかったり、街やお店で流れている音楽をスマホに聞かせると、曲名を教えてくれたりします。

AND検索

スペース区切り

旅行　北海道　牧場　体験

複数のキーワードを「スペース（空白）」で区切って入力します。入力したすべてのキーワードが含まれるサイトが表示されるので、検索結果を絞り込むことができます。重要なキーワードから順に入力するのがコツです。ここでは北海道の牧場体験ができる旅行に関連する情報が上位に表示されます。

NOT検索

－（マイナス）

ジュース -オレンジ

複数のキーワードをスペース区切りで入力するとき、除きたいキーワードの前にスペースを入れずに「-（半角のマイナス）」を付けます。「-」を付けたキーワードは除外してサイトが表示されるので、検索結果を絞り込むことができます。この例ではオレンジジュース以外のジュースに関する情報が表示されます。

OR検索

OR検索

東京　美術館 OR 博物館

複数のキーワード間に「OR」と入力します。入力したキーワードのいずれかを含むサイトが表示されるので、検索の幅を広げることができます。この例では、東京にある美術館または博物館に関連する情報が表示されます。

ドメイン検索 .go .acなど

たとえば「.jp」は日本のサイト、「co.jp」は日本の企業や会社のサイトを意味しますが、こうしたネット上の住所にあたる部分をドメインと言います。このドメインを変えることで特定の範囲の検索ができます。たとえば「go.jp」は日本の政府機関を意味するので、「奨学金制度.go.jp」と検索すると政府が運営している奨学金制度に限定して調べることができます。ほかに「lg.jp」は都道府県や市町村などの地方公共団体、「ac.jp」は大学など日本の研究機関を意味します。

「とは」の利用 とは

キーワードの後ろに「とは」と入力します。この例の場合、検索エンジンとはどんなものなのかということを説明しているサイトが上位に表示されます。わからない言葉があったら、この検索方法を使うのが手っ取り早いでしょう。

フレーズ検索 " "(ダブルクォーテーション)

キーワードを「"(ダブルクォーテーション)」で囲んで入力します。「"インターネットの便利な使い方"」と入力すると、「インターネットの便利な使い方」というつながったフレーズを持ったページが検索されます。

"ひとつのつながったフレーズ"

アスタリスク検索 ＊(アスタリスク)

たとえば江戸時代の小説「南総里見八犬伝」がうろ覚えで、「ナントカ八犬伝」としか浮かんでこないときは、あいまいな部分を「＊(アスタリスク)」にして「＊八犬伝」と入力すると「南総里見八犬伝」と出てきます。

ネットですべてが調べられるわけじゃない!?

ネットで得られる情報のうち、個人や企業が無料で発信している情報は、基本的に発信する側が見せたい情報です。個人なら自分を表現したい、意見を伝えたいといった気持ちがありますし、企業なら情報を発信することで、商品を売ろうとしているケースが多く見られます。ということは、発信する人が見せたくない情報は、検索しても出てこないことがけっこう多いのです。たとえば、政治家や芸能人がスキャンダルを起こした場合、真相は知られたくないので、ネットにはなかなか上がりません。何でも調べられるわけではないことを知っておいてください。

ウィキペディアはどうやってできている？

インターネット検索をしていると、「ウィキペディア（Wikipedia）」というサイトが上位に表示されることがあります。調べものをするときに利用する人も多いかもしれません。

その最大の特徴は、サイトの編集や書き込みが誰でも簡単にできるという点です。多くの人の知識を集め、共同作業で編集された百科事典というわけです。誰でもすぐにアクセスできるインターネットの特性をうまく利用したサイトと言えるでしょう。

ウィキペディアには、記事をつくるにあたって3つの方針があります。まずは**「独自の研究は掲載しない」**という決まりです。つまり、どこにも発表されたことのない情報を書いたり、自分だけの考えを書いたりしてはいけません。次に、**「中立的な立場**

ウィキペディアの記事はこのように書かれていく！

※「球尾蹴人」は架空の人物で、内容はすべて架空のものです。

球尾蹴人

球尾蹴人（たまおけると 2000年2月28日－）は埼玉県さいたま市出身のプロサッカー選手。ドラゴンチャレンジャーズ所属。日本代表。フォワードとゴールキーパーを兼任する「二刀流」の選手として話題となる。2021年の日本リーグではチームの優勝に大きく貢献し、最優秀選手賞を受賞した。

ウィキペディアン
Aさん

ウィキペディアの執筆や編集をするボランティアを「ウィキペディアン」と呼ぶことがあります。Aさんは、球尾蹴人さんの記事を読んだところ、誕生日の間違いを発見し、修正しました。

誤りを修正

球尾蹴人

球尾蹴人（たまおけると 2000年2月29日－）は埼玉県さいたま市出身のプロサッカー選手。ドラゴンチャレンジャーズ所属。日本代表。フォワードとゴールキーパーを兼任する「二刀流」の選手として話題となる。2021年の日本リーグではチームの優勝に大きく貢献し、最優秀選手賞を受賞した。

海外に移籍したぞ

ウィキペディアン
Bさん

Bさんは球尾蹴人さんがフランスのサッカークラブに移籍したニュースを見て、さっそくその内容を追加しました。

「ウィキペディア（Wikipedia）」とは

ウィキペディアという名称は造語で、「ウィキ（Wiki）」というシステムを使った「百科事典」という意味を表しています。2001年にラリー・サンガーとジミー・ウェールズの2人のアメリカ人によって始められました。日本語を含め300言語以上のバージョンがあります。記事を書いたり編集したりしているのは世界中にいるボランティアで、アメリカに本部がある非営利組織ウィキメディア財団が運営しています。広告ではなく寄付を財源にしているので、誰でも無料で利用することができます。

をとる」ことです。たとえばある問題について、偏った意見や情報だけを載せるのではなく、さまざまな立場からの情報を載せる必要があります。そして最後に**「検証ができること」**です。書かれた内容について、誰でもいつでも検証できるように、信頼できる出典（参考にした新聞記事や本、学術論文など）を明記することが求められています。

ウィキペディアの情報は正しい？それとも信頼できない？

「ウィキペディア日本語版」の記事数は約145万項目（2025年1月28日時点）にものぼるので、そのすべてが正しいとは言えず、もし間違いがあったとしても、誰かが正しく書き換えない限り、誤った情報のまま掲載され続ける可能性があります。また、重要なのに書かれていないこともあるかもしれません。訂正を重ねたり、新しい情報を加えたりすることによって正確な記事になっていくはずですが、それまでには時間がかかる場合があります。

そのため「ウィキの情報はあてにならない」と思われがちですが、それぞれの記事の最後には、記事を作成するために参考にした出典元がリンクされており、検証できるようになっています。そのことをよく理解したうえで、**「なかには間違いがあるかもしれない」「書かれていないことがあるかもしれない」と意識し、ほかの情報源も参考にしながら、ウィキペディアをうまく利用できるといいでしょう。**

球尾蹴人

球尾蹴人（たまおけると 2000年2月29日 - ）は埼玉県さいたま市出身のプロサッカー選手。フランス・ルミエール所属。日本代表。フォワードとゴールキーパーを兼任する「二刀流」の選手として話題となる。2021年の日本リーグではチームの優勝に大きく貢献し、最優秀選手賞を受賞した。2024年よりフランス・ルミエールと契約した。

新情報を追加

フランス・ルミエール

フランス・ルミエール（フランス語：France Lumière）は、マルセイユを本拠地とするフランスのプロサッカークラブ。リーグ・ド・フットボール・プロフェッショネル（LFP）に所属する。クラブのモットーは「défi infini」（終わりなき挑戦）。

翻訳して新しい記事をリンク

ウィキペディアン
Cさん

英語が得意なCさんは、移籍先のクラブチームの日本語の記事がなかったので、英語版の記事を翻訳して日本語版の記事をつくりました。これで球尾蹴人さんの記事からすぐリンクして読めるようになりました。

安易な投稿はやめておこう

ウィキペディアは簡単に投稿できるからといって、気軽に書き込んでよいものではありません。未熟な知識で書き込んだり、自分の意見や感想、研究成果を発表したりする場ではないので、安易に投稿するのは絶対にやめましょう。

検索結果のリストには広告が含まれている

キーワードを検索エンジンに入力すると、検索結果の画面が表示されます。知っておいてほしいのは、**リストアップされた検索結果には広告が含まれている**ということです。広告サイトは、広告以外のふつうの検索結果（「自然検索」や「オーガニック検索」と呼ばれます）と同じく、サイトの内容説明が書かれており、リストの最初のほうに表示されています。

もしあなたが、少しやせたいと思っていて、左の例のように「ダイエット」と検索したとしましょう。するとリストの上位に表示されるサイトは、「内臓脂肪を燃焼させる飲料のメーカー」や、「ダイエットが無理なくできるトレーニングジム」の広告サイトになっています。よく見ると「スポンサー」と書かれていますよね。こうしたサイトは、企業や団体が検索サイトに広告料を払って、リストの上位にくるようにしてもらっているのです。

検索ページは次もある！

検索表示画面で、最初のページしか読まない人は全体の半分以上というデータがあります。最初のページは、広告のサイトばかりだったり、偏った意見が目立つサイトだったりすることもあるので、2ページ目、3ページ目と見ていくと幅広い情報が得られます。

検索結果は人や場所によって違う？

同じキーワードでも、検索結果が利用者によって異なることがあります。

たとえば、東京にいるときにスマホで「ラーメン」と検索すると、東京のラーメン屋さんのサイトがたくさん表示されますが、大阪で同じことをすると、大阪のラーメン屋さんが多くなります。

また、「かき」と入力すると、果物好きの人は「柿」についてのサイトが多く表示され、貝の「牡蠣」はあまり表示されないかもしれません。

ほかにも、自宅でパソコンを使って検索した場合と、外出先からスマホで検索した場合では、検索結果が違うことがあります。

なぜかというと、**検索エンジンは検索した人が最適な情報を得られるように、アクセスしている「現在地」、使っている「デバイス（パソコンやスマホなどネットに接続する機器）」、過去に検索した「検索履歴」などを参照しているからです。**

検索結果表示画面はこうなっている！

入力したキーワードによって、関連するサイトのリストが表示されます。キーワードに関するニュースや、関連する画像などが同じ画面に表示されることもあります。また、キーワードを「画像」や「動画」、「地図」、「ニュース」などのカテゴリーに絞って検索できるようになっています。

広告のサイトは上のほうに表示！

広告のサイトは企業が広告料を払っているので、検索した人の目にすぐ留まるように上位に表示されています。よく見ると「広告」や「スポンサー」と表示されているので注意しましょう。広告サイトのあとに自然検索されたサイトが表示されます。

偽サイトも検索結果に表示される!?

検索エンジンは利用者が安全に利用できるように進化していますが、過去には、検索結果の広告枠の上位に偽サイトが紛れ込んだケースがありました。偽サイトのURLを誤ってクリックすると、個人情報を入力するように仕向けられたり、ウイルスに感染してしまったりする危険性があります。すでに本物と確認済みでよく使うサイトは、ブックマーク（お気に入り）登録をしておくといいでしょう。

2-4 あなたに届く情報、偏っていない？

私たちが日々何気なく手にしている情報は、実は、それぞれの好みや考え方によって選別され手元に届いています。その点に注意して見ていきましょう。

複数の情報に触れるようにしよう

インターネットが発達し、何で情報を得るか、どの情報を信じるかは、個人個人で選べる時代になりました。しかし、自分の心地いい情報ばかりを受け取ってしまうと、偏った考え方になってしまう可能性もあります。

たとえばネット検索では、あなたに合ったサイトが選別されます。その結果、自分の考え方に近い情報だけを受け取り、自分と異なる意見を含む情報が排除されているかもしれません。

また、SNSでは自分の好みのアカウントをフォローすることで相手の新しい情報を得ることができます。しかし、フォローするのが自分と似た価値

検索結果は検索履歴をもとにリストアップされる

検索エンジンは、利用者が過去に検索した検索履歴を使って検索結果をリストアップしています。検索履歴というフィルター（ふるい）にかけられた自分好みの情報を優先して受け取っている可能性があります。

← こういうことが続くと

フィルターバブル

ネット上のアルゴリズムによって気づかないうちに自分に合う価値観のみに包まれ、見たくない情報は受け入れない、まるで泡（バブル）の中にいるような状態になります。

SNSで自分の興味のあるアカウントをフォローする

SNSでフォローすると相手の新しい情報を簡単に入手することができます。フォローするということは自分好みの情報を繰り返し受け入れるということにつながります。

← こういうことが続くと

エコーチェンバー現象

SNSなどで自分の好みの人とだけコミュニケーションを取り続けた結果、閉じられた空間で音が反響するように、確かな根拠もないまま自身の意見は正しいものだと信じ込んでしまう状態に陥ってしまいます。

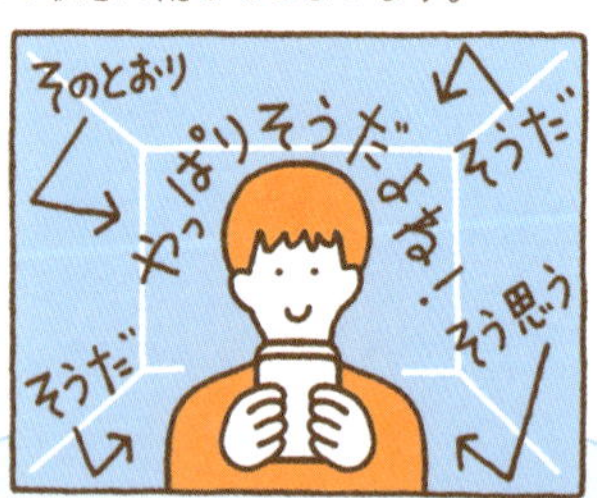

※参考：『フィルターバブル―インターネットが隠していること』
著：イーライ・パリサー、翻訳：井口耕二（ハヤカワ文庫NF）

観を持っている人ばかりだとどうでしょう？ 異なる立場の視点での意見や、視野を広げてくれるような情報が届かなくなるかもしれません。**「インターネットを何も考えずに使い続けていると、価値観が硬直化し、考えが偏っていくかもしれない」**、そんな危険性があるからこそ、複数のメディアを利用したり、立場の異なる発信者からの情報も得たりするように、心掛けましょう。自分の感覚だけを信じないことが重要です。

注意！ 人間にはこんなバイアス（かたより）がある!?

自分に都合の悪い情報を無視してしまう

正常性バイアス

予想しなかったことに出合ったとき、「こんなことはありえない」「特別な状態ではなく正常だ」と思い込み、自分に都合の悪い情報を無視してしまう傾向のことで、これを心理学用語で「正常性バイアス」と言います。たとえば、災害や事故の緊急速報を耳にしても「自分は大丈夫」「まだ大丈夫」と思いたがって避難せず、逃げ遅れてしまうことがあります。

自分に都合のいい情報だけを集めてしまう

確証バイアス

自分が信じている情報は間違いではないという確証を得るために、偏った情報だけを集めてしまう傾向のことで、これを心理学用語で「確証バイアス」と言います。たとえば、病気にかかったとき、医者の診断や治療方針よりも、ネットで自身が調べた情報を信じようとします。

オールドメディア（マスメディア）VS SNS!?

A候補

B候補

C候補

誰に入れようかな

何人かいる候補者の中で、誰に投票するかを決めるには、それぞれの候補者がどんな人で、どのような政策をおこなおうとしているのかを調べる必要があります。そんなときに多くの有権者はまず自分が使い慣れているメディアで情報をチェックします。

SNSが政治にも大きな影響力を持つ現代

2024年におこなわれたある選挙で、スキャンダルがあり落選すると思われていた候補者が当選を果たし、大きな話題となりました。

その候補者について、SNSやネット動画では、本当かどうかはっきりしない情報が流れました。声の大きいインフルエンサーたちのもっともらしい主張に影響された人も少なくなかったようです。テレビなどのマスメディアはそれらの情報を報じませんでした。テレビや新聞は報道する内容について「政治的に公平であること」「必ず確認を取ること」が求められており、投票までの短い期間では、それらの情報のファクトチェックができなかったようです。そして、**「マスメディアは真実を伝えていない」と非難する人がネット上で増え、有権者のあいだでマスメディアへの不信感がつのりました。**

こうしたことが有権者の判断に影響し、予想外の選挙結果になったのではないかと言われています。

歴史の中ではこれまでも、マスメディアをうまく使って国民の感情を動かす人はいましたが、現代ではSNSが世論を形づくるための手段として大きな影響力を持つようになりました。

その結果、テレビや新聞などの「オールドメディア」とSNSが対立関係としてとらえられ、どちらのメディアが優れているかという論争が起こることも増えています。**しかし、どのメディアから得られる情報も、誰かが何らかの意図で選び、発信していることには変わりがありません。どのメディアが優れているとか劣っているとかではなく、私たちは1つの発信元の情報にとらわれすぎず、「自分が情報をどう選び判断するか」ということに、向き合う必要があるでしょう。**

テレビを見てみると…

放送法で「政治的に公平であること」が定められていて、政府や視聴者からプレッシャーがかかるうえに、「頑張って報道してもあまり視聴率は取れないし……」などの理由で、特にテレビは選挙の報道を自粛する傾向があると言われています。「マスメディアの情報は正しいはず」と考える人はそこから得られる情報のみを信じます。いっぽうで「マスメディアは限られた情報しか発信しない。偏向報道（偏った報道）をしている」と批判する人も多いのです。

SNSを見てみると…

ネットには立場のまったく異なる意見が共存し、マスメディアでは得られなかった「新」情報を目にします。多くの情報が入り乱れるなか、どの情報を正しい、あるいは間違いと判断するかは大人にとってもかなり難しいことです。わかりやすくまとめられた情報や、政治家・インフルエンサーなど影響力が大きい人からの情報などを「もっともらしい情報のひとつ」と信じ込んでしまう場合もあるでしょう。

選挙の結果が、マスメディアが予想していたものとは大きく異なり、テレビなどで「予想外の選挙結果」「SNSを信じた人々」というような報道がなされます。いっぽうでSNSでは、SNSを批判するような報道をおこなうマスメディアに対し、「マスゴミ」などといった批判をおこないます。ただ、そういった対立構造でとらえることに意味はありません。マスメディアの情報でもSNSの情報でも、一度立ち止まって情報を疑ってみたり、ほかの情報を見にいってみたりなど、常に「自分自身が正しいと思うことはどれか」と考え続けることが、より必要な時代になってきています。

残念な選挙結果になっても落ち込む必要はない！

たとえば、自分が投票した候補者が、「実は裏で悪いことをしていた！」と選挙後に判明したとします。そうなると、情報を判断し間違えたのだと考え、「あの人に投票するんじゃなかった」と後悔することもあるでしょう。でも、そのときのあなたがきちんと考え、自分なりの結論を出し投票したものであるならば落ち込む必要はありません。選挙は１回限りではなく、次の選挙がやってきます。今回学んだことを生かして、次こそは情報を正しく判断するんだという気持ちを持つことが大切です。そうすることでメディアリテラシーは高まっていくのです。

メディアリテラシー

コラム2

人の意見がなかなか変わらないのはなぜ？

たとえば、あなたの好きなアイドルがカラオケで夜中まで歌っていた写真が、SNSで拡散されたとしましょう。そのアイドルは17歳の高校生で、条例では18歳未満の人は22時以降のカラオケの利用が認められていなかったとしたら、あなたはどう思いますか？ 「高校生なのにダメだろう」「やってはいけないことをした」と怒りの気持ちがこみ上げてきますか？ もしかすると、そのアイドルが好きであればあるほど、非難するよりむしろ擁護したい気持ちになってくるのではないでしょうか。

なんらかの考えを持った人が、それを批判されたり否定されたりすると、かえってその考えをより強く信じるようになることを、心理学用語で「バックファイア効果」と言います。ですから、そのアイドルが好きでたまらない人は、「先輩に強引に誘われたと言っていたから彼女は悪くない！」とか、「途中でスタッフがタクシーを呼んでちゃんと帰ったというし、別にいいんじゃないの」と擁護しようとします。その意見が正しいかどうかはともかく、人間は、好きなものや信じるものを否定されればされるほど、その否定とは逆の方向に突き進む傾向があるようです。

こうした例からわかるように、SNSなどで誰かの意見を批判しても、相手はかえって意地になり、自分の意見を変えようとしないかもしれません。また、もし相手から「あなたの考えは間違っている」と批判されても、「自分の意見を絶対曲げるものか」と思う人は多そうです。そうなると、お互いにわかり合うことは難しくなり、コミュニケーションが分断されてしまいますよね。冷静で頭のいい人でも、バックファイア効果が作用して、自分の考えは絶対正しいと思い込むことがあるので、ときには、自分の考え方は本当に正しいのかどうかを疑ってみることが必要です。

第3章

インターネットにひそむ怖さ

第3話　こんなつもりじゃなかったのに

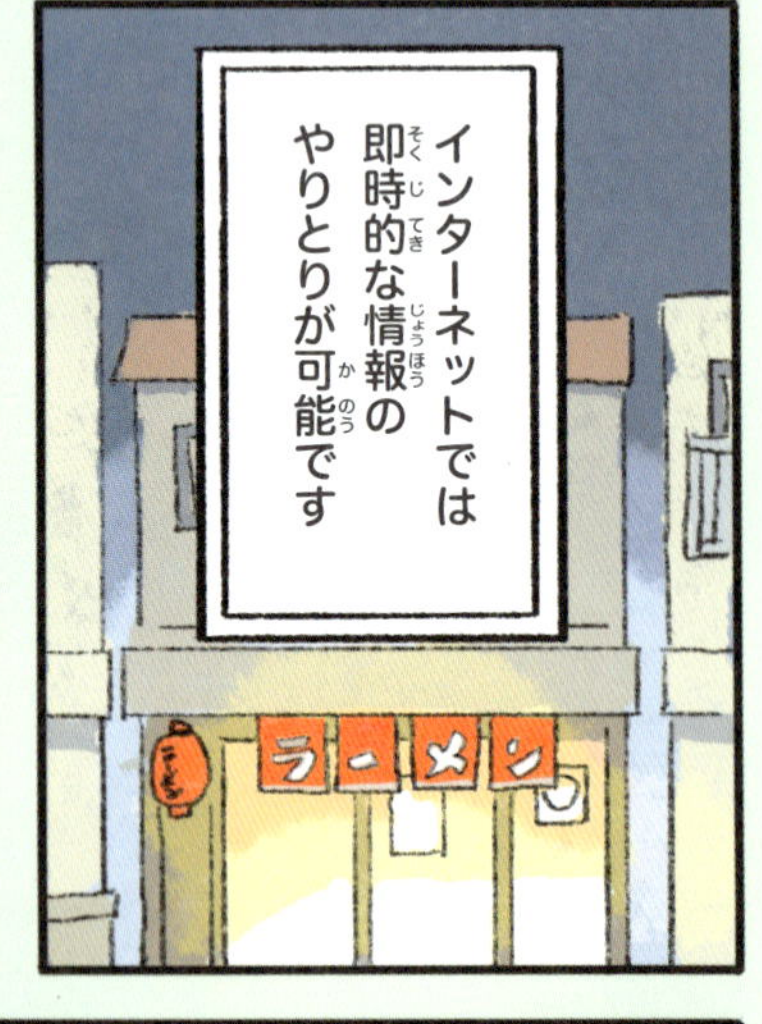

あ〜疲れたー
部活しんど〜

おっちゃん！
俺醤油ラーメン1つ
俺も！
俺豚骨で！

はいよ！
奥の席座っとき〜！
ちょっと時間かかるかも

え〜
めっちゃ腹減った〜
なる早でよろしくね！

ワイ
ワイ

ご自由にどうぞ
ニンニク
ラー油

あ、俺
いいこと思いついた

これでも食っちゃおうぜ～
ちょお前それはやばいだろ
ニンニク

大丈夫だって～だってこの席ほかの席からあんま見えないし

味やばかっら～

こいつ、まじでやったよ
わはは

もう一回やってよ

から～あ、でも案外いけるかも
アハハなわけねえだろ

ポーン
既読
やっばwww雄斗最高www

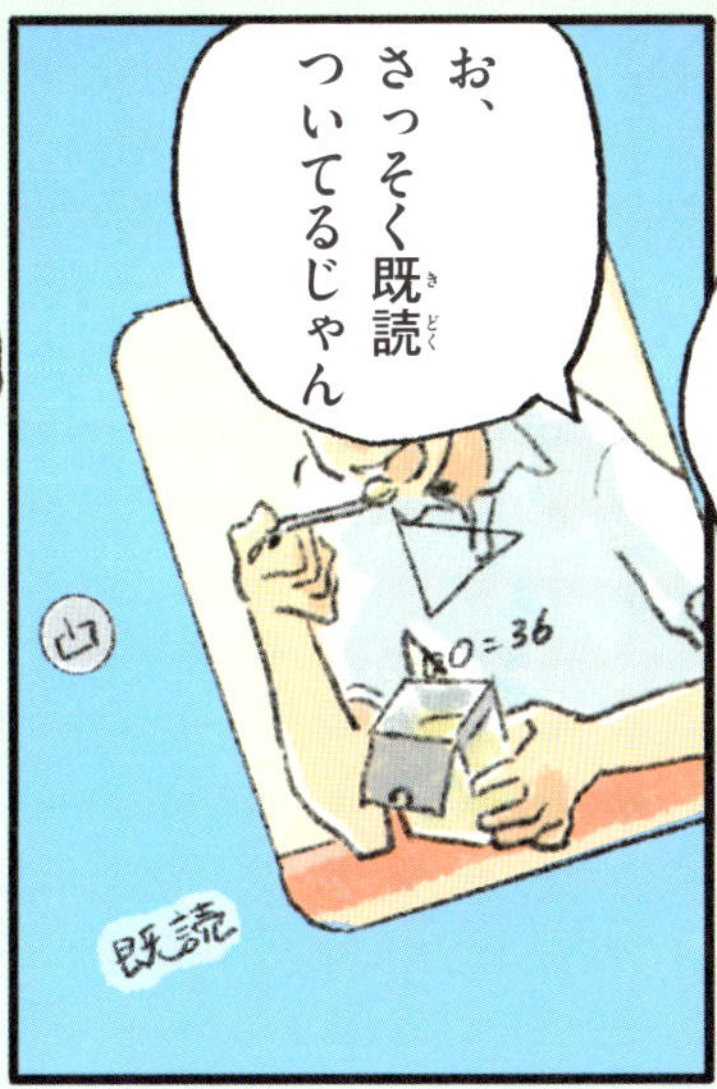
お、さっそく既読ついてるじゃん
既読

あ～腹いっぱい
お前はにんにくのせいだろそれ
これ陸にも送っておいた

陸自宅
あいつらやるなー

やっぱ俺って最高？
んなわけないだろカメラマンのおかげだわ

Now
ヤバすぎwww
シュポ

これは傑作すぎるめっちゃ「いいね」きそう

雄斗！早くこれ見ろ！
URL：https://tuitter.com/
/status/1448679」

ん〜？

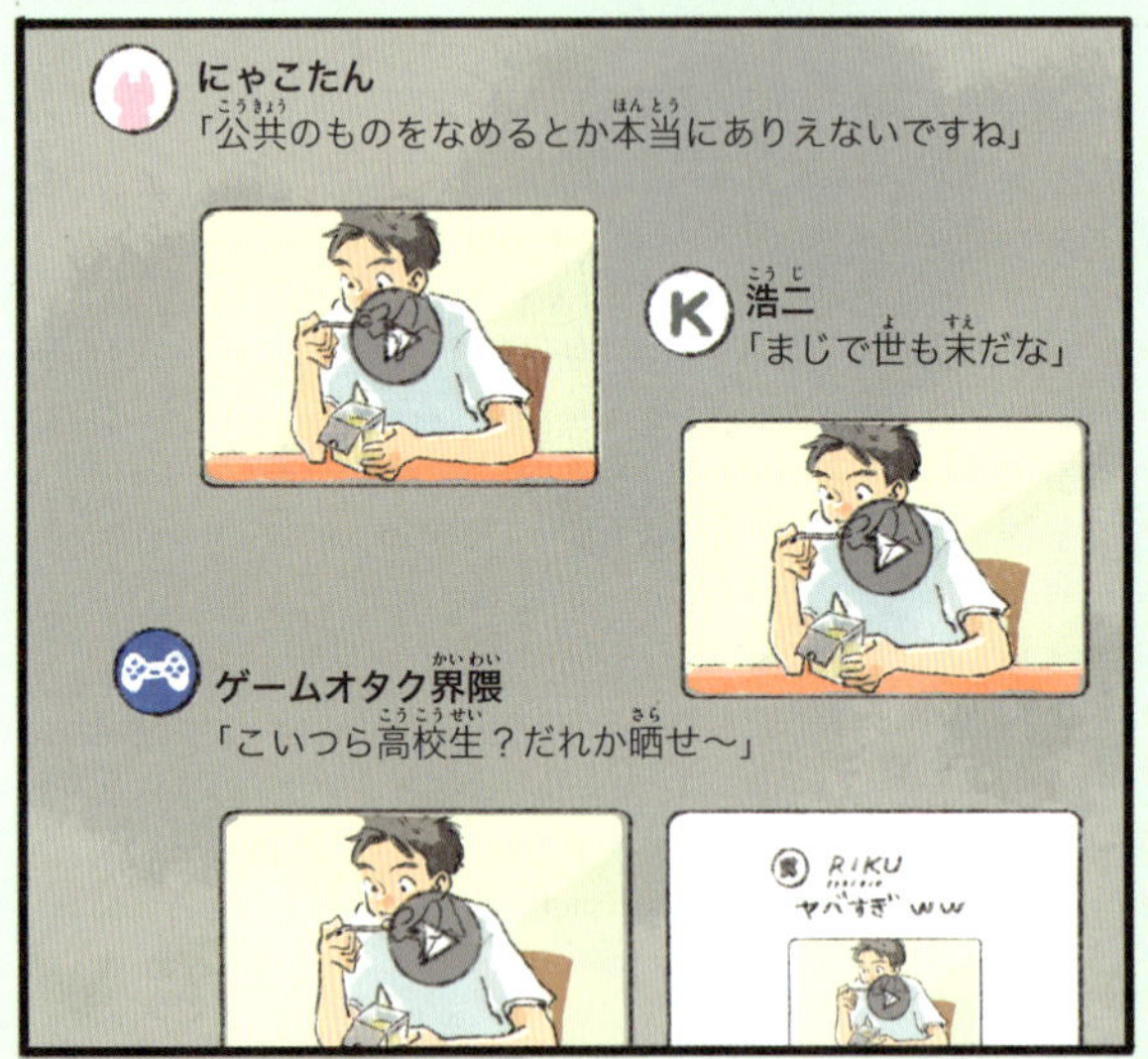
にゃこたん
「公共のものをなめるとか本当にありえないですね」
浩二
「まじで世も末だな」
ゲームオタク界隈
「こいつら高校生？だれか晒せ〜」
RIKU
ヤバすぎ ww

@ xxx..yz
まじこいつらありえん
210
562
3708

やばい、どうしよう!?
なんでこんなことになってるんだ!?

そこからの展開は一瞬だった
@ tokutei000
特
俺たちの学校と名前はすぐに特定され

停学処分が下された

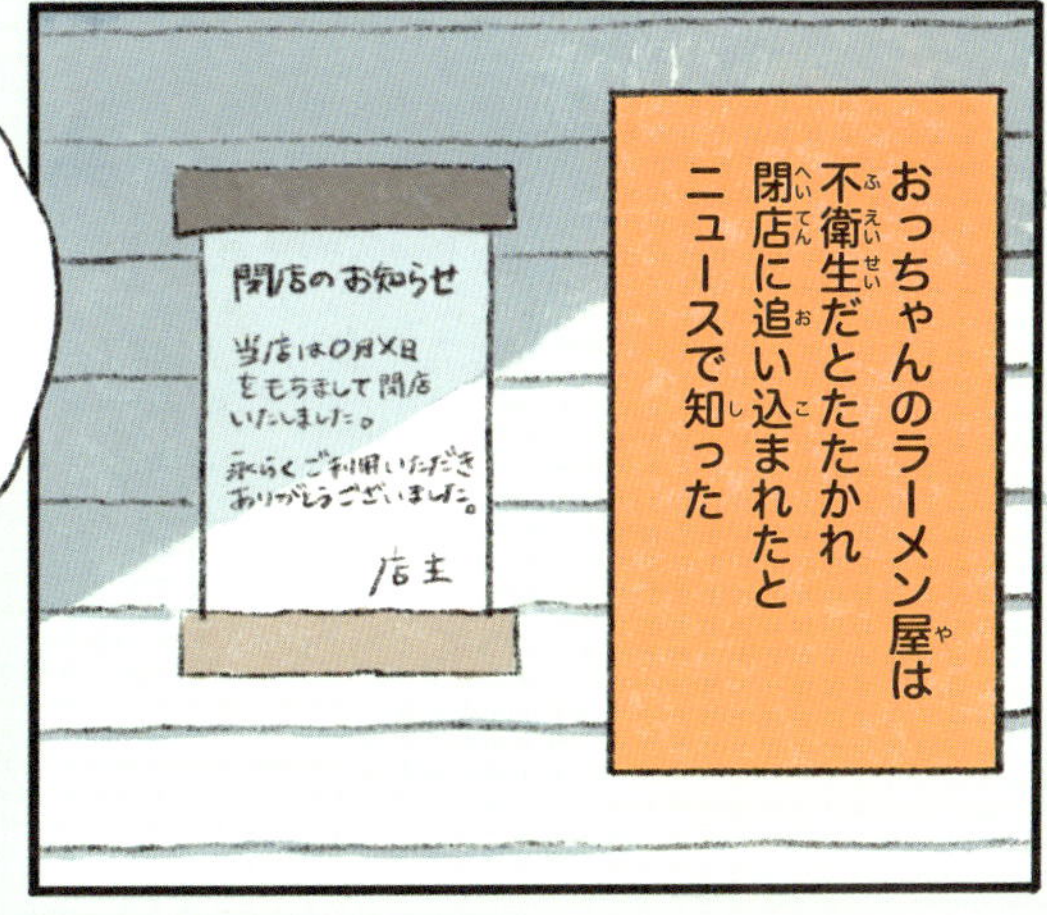
おっちゃんのラーメン屋は不衛生だとたたかれ閉店に追い込まれたとニュースで知った
閉店のお知らせ
当店は〇月×日をもちまして閉店いたしました。
永らくご利用いただきありがとうございました。
店主

こんなつもりじゃなかったのに…
俺は今後一生背負い続ける傷を残してしまったんだ

そう、私たちの行動には必ず責任が伴います
ただどうしてもインターネット上の責任は軽視しやすい
この章ではインターネットを使っときの怖さ、注意点について学んでいきましょう

3-1

ネットの便利さや楽しさは怖さと表裏一体!?

とても便利で楽しいインターネットですが、気をつけたいこともたくさんあります。ネットを使うときの注意点を一緒に確認していきましょう。

マナー・ルールを守ってスマホを使おう

スマホに夢中になっていると、周囲が見えなくなることがあります。気づかないうちにまわりの人に迷惑をかけたり、トラブルに巻き込まれたりしないように、ルールやマナーをしっかり守りたいですね。

まずは、**「今ここでスマホを使っていいのかどうか」を気にかけてください。**電源を切らなければならない場所、電源はOKだけど着信音を鳴らしてはいけない場所など、場所によって使い方の制限もいろいろあります。

歩いたり自転車に乗ったりしながら使わないというのも、大事なルールです。また、スマホのカメラは手軽に撮

電車やバスの優先席近く（混雑時）

スマホを心臓のペースメーカーに近づけると（15センチ以内）、電波が悪影響を与える可能性があります。そのため優先席近くではスマホの電源は切ったり機内モードにしたりするとよいでしょう。

映画館や劇場

着信音が鳴らない設定にします。スマホの明かりが周囲のじゃまになるので、上映中の使用は避けましょう。

飲食店など

お店によりルールが異なりますが、静かな雰囲気のお店では、マナーモードがよいでしょう。

病院

病院ごとにルールが異なります。電子機器の近くでは使用禁止でも、待合室ならOKの場合もあります。

飛行機の中

機内モードにすれば、基本的には使用可能です。電波を発する通常モードでの使用は禁止です。

影できて便利ですが、撮影してはいけない場面もたくさんあります。無断で撮影するとトラブルになることもあるので、気をつけましょう。

「ながらスマホ」の事故にはどんなものがある？

自転車や徒歩で「ながらスマホ」をしていた人が起こした事故で最も多いのは、歩道の段差などにつまずいて「ころぶ」事故で、全体の4割近くを占めています。続いて人や物、自転車などにぶつかる事故、駅のホームから線路に転落する「落ちる」事故など、どれも命に関わる事故になる危険性があります。

＊出典：東京消防庁「歩きスマホ等に係る事故に注意！」より

事故の種類	割合
ころぶ	38.6%
ぶつかる	35.4%
落ちる	24.7%
その他	1.3%

歩きスマホや自転車スマホをしない

歩いているときや自転車に乗っているときにスマホを使うのは、非常に危険です。急ぎの連絡が必要なときは、迷惑にならない場所に立ち止まってから操作をします。

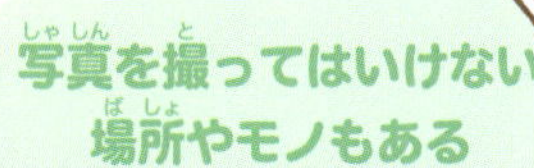

写真を撮ってはいけない場所やモノもある

スマホのカメラ機能は便利ですが、撮影してはいけない場面もたくさんあります。撮影禁止の場所や被写体はもちろん、周囲に迷惑がかかりそうなときも撮影はNGです。

書店の本を撮る

購入前の本の内容を撮影することを「デジタル万引き」と呼びます。購入後でも、本には著作権があるので、勝手にSNSにアップしたりしてはいけません。

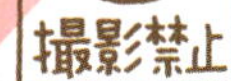

禁止されている美術品の撮影

最近は、撮影を許可している美術館や美術展もありますが、美術館内では撮影がNGの場合も多いのです。館内の説明をよく確認しましょう。

機内モードって何？マナーモードとはどう違う？

機内モードとは、スマホが電波を出さないように通信を遮断するモードです。たいてい、「携帯電話回線」「Wi-Fi」「GPS」「Bluetooth」がオフになります（機種や設定により異なる）。機内モードにすると、電話がかからないのはもちろん、メールやメッセージの受信もできません。いっぽうマナーモード（サイレントモード）は、着信音などが鳴らないだけで、電波はつながる状態です。電波を遮断する必要がある場面では、マナーモードではダメなのです。

ネットでの買い物にはたくさんの注意点が!?

インターネットでの買い物は、実際にお店に行く必要がなく、好きな時間に、たくさんの商品を見比べることができます。

しかし、実際に商品が届いてみたら、思っていたものと違うということもあるでしょう。注文する個数をうっかり間違えることもあるかもしれません。リアルなお店での買い物ではこうしたことは起こらないので、ネットでの買い物で気をつけなければいけないところと言えるでしょう。

このような間違いはショップ側に悪気がなくても起こり得ることですが、**ネット上には悪意のあるお店やサイトがたくさんあり、だまされてしまう人があとを絶ちません。だます側のショップは巧妙な手口を使ってくるので、注意したいところです。**

ネットショッピングの落とし穴

サイトに悪意がなくても…

注文数を間違える

注文するときに、買う商品の個数をうっかり間違えてしまうことがあります。リアルな商店だと個数を間違えたらすぐ気がつくのですが……。

実際に触るとなんか違う

商品を画面で見ていただけなので、届いた商品の色味やサイズ、触った感じなどに違和感があることも。

つい買いすぎちゃう

お金をその場で払うわけではなく、買ったものもあとから届くので、買い物をしているという実感があまりありません。そのため、ついつい買いすぎてしまう場合があります。

「定期購入」にしてしまう

注文画面の初期状態が「定期購入」になっていることがあります。あわてて解約したいと思っても、違約金を取られる場合があります。

毎月お届け

サイトに悪意があると…

不良品やニセモノが届く

届いた商品が壊れていたり、ブランド品のはずなのによく見るとつくりが雑で、ニセモノだったりする場合があります。

ショップと連絡が取れない

買い物でトラブルがあったとき、サイトに記載されている連絡先に電話やメールをしても返事がなかったり、連絡が取れなくなったりすることがあります。

ただいま大変混み合っております

サブスク契約にも注意しよう

音楽や動画の配信サービスは、サブスクリプション契約（月額の料金または年会費を払う契約）のものが多数あります。「初月無料」などの特典にひかれて加入したまま、忘れてしまうことも。ムダな出費にならないように、使っていないサブスクは、忘れずに解約しましょう。

ネットの買い物で被害にあわないために

世の中には、有名な企業やショッピングサイトを装った「偽サイト」や、金銭をだまし取る「詐欺サイト」がたくさん存在します。「安いから」「品切れの人気商品が在庫にあるから」などのあおり文句を使った巧妙なものが多いため注意が必要です。

いちばん大事なことは、買い物をする際には、保護者と一緒におこなうことです。「どのような買い物ならしてもいいのか」「支払いはどうするのか」といったことを話し合いましょう。特にクレジットカードでしか購入できない場合、未成年は保護者のカードを使うことになるので、しっかり確認する必要があります。**18歳になると一人でもネットショップを利用することが可能になるため、そのときに自分で正しい判断ができるようにしましょう。**このページでは、ネットで買い物をするときのチェック項目を挙げてあるので、よく読んでみてください。

そして、**万が一被害にあったときは早めに警察に届けてください。**消費者庁による「消費者ホットライン」の全国共通の電話番号「188」で相談もできます。身近な消費生活センターの窓口を案内してくれるので、利用をおすすめします。

Check 1
購入を急がせる

今購入しないと損をするようなキャッチコピーが大げさに書かれている場合は気をつけましょう。

Check 2
極端に値引きされている

正規の価格からあまりにも値引きされている場合は、何かワナがあると思ったほうがいいでしょう。

ネットショップでの支払い方法について

- **クレジットカード決済**

クレジットカードの番号を入力して支払いを完了（決済）することができます。

- **代引き**

代金引き換えのこと。商品の受け取りのとき、受け取った人が払います。

- **銀行振込**

ショップ側が指定した銀行口座に代金を振り込み、入金が確認されたら商品が発送されます。

- **プリペイドカード**

あらかじめチャージされた金額の範囲内で支払いができるカードのことです。

- **コンビニ支払い（決済）**

コンビニで商品の代金を払い、それをショップ側が確認したら商品が送られてきます。

購入する前にここをチェック!

https:www. ○△×□ shop.com

Bakuten Shopping

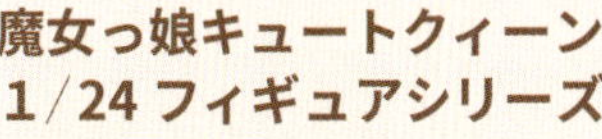

タイムセール 最大95%OFF!!

ホーム　商品一覧　返品返却について　お問合せ

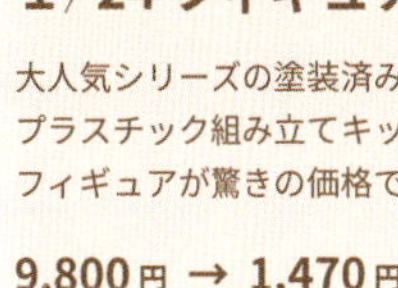

魔女っ娘キュートクィーン 1/24 フィギュアシリーズ

大人気シリーズの塗装済みプラスチック組み立てキット。レア中のレアフィギュアが驚きの価格で大放出！

9,800円 → 1,470円 85%OFF!!

購入する　在庫あり

会社概要

フェイクショップ株式会社
住所：東京都中野区中野
連絡先：fake_shop@xyz.com

お支払い方法について

- 銀行振込　東京××銀行××支店
- クレジットカード

送料・配送について

送料はかかることは無です。3日か5日で届けますです。

Check  3

URL

大手のショッピングサイトをまねたURLや、見なれないドメインだった場合は注意しましょう。URLの先頭に鍵マーク（🔒）があれば、そのウェブサイトから送信されるデータが暗号化される（SSL化と言います）ので、氏名や住所、クレジットカードなどの個人情報が盗まれる危険性は少なくなります※。

Check  4

ショップの情報があいまい

ショップを運営している会社の住所が番地まで書かれていなかったり、電話番号がなく、連絡先がメールアドレスだけの場合、その会社が実は存在していなかったり、連絡が取れなかったりする危険性があります。

Check  5

支払い方法が銀行振込だけ

銀行振込でしか支払いができず、ほかの支払い方法が書かれていても、選択できない場合があります。

Check  6

不自然な日本語

機械で翻訳したような、変な日本語の表現があった場合は購入をやめましょう。

ネットショッピングでは、クーリングオフは使えない

クーリングオフとは、訪問販売などで、不本意な購入や契約をしてしまった消費者を保護するための法律です。購入から原則8日以内であれば、無条件で返品や契約解除ができます。しかしネットショッピングは、クーリングオフの対象外です。自己都合で返品したいと思っても、ショップが返品不可としていれば、返品できないのです。購入ボタンを押す前に、しっかり確認しましょう。

※詐欺サイトでも鍵マークが表示されることがあり、鍵マークがあれば絶対安心というわけではありません。この理由により、鍵マークの表示を廃止したブラウザ（Google Chrome など）もあります。

チャットは楽しいけど文章の書き方は大丈夫？

友だちとチャットで会話をするのは楽しいですよね。実際に会わなくても気軽に雑談ができるし、遊びやイベントの約束をするのも簡単です。

しかし文章だけのやりとりは、誤解が生じやすいのが欠点です。対面での会話であれば、語尾の上げ下げや表情などで、微妙なニュアンスを伝えられますが、文章ではそれができません。

たとえば、「○○さんって、いい人じゃない？（＝いい人だよね）」と言うつもりで「？」をつけ忘れると、逆の意味になってしまいます。入力したメッセージを送る前に、「違う意味にとられないか」をよく確認するといいでしょう。また、相手の誘いを断る場合なども、言い方に注意が必要です。**「これを受け取ったら自分はどう感じるか」をいつも考えるクセをつけておきましょう。**ただ、それでも相手が誤解

感情が伝わりにくく誤解が生じる？

文字だけなので相手の表情などはわからず、「めんどくさい～」というネガティブな言葉が相手に強く伝わります。これを見て怒ってケンカのようになることがあるので気をつけたいところです。

お互いの雰囲気がわかり話しやすくなる

実際に会って話をすると、相手の口調や表情もよくわかるので、「めんどくさい～」という言葉も、少し冗談めかして言っていることが伝わり、そのあとの会話もスムーズです。

してしまうことはあるため、そのようなときは早めに誤解を解くように努めましょう。

相手のメッセージが失礼だと感じても、怒りに任せて言い返さないことも大事です。 文字で言い合いをしてもたいていは状況が悪化するだけで、解決しません。文字でやりとりする場合、怒りなどのネガティブな感情は伝わりやすいので、余計に注意が必要です。

チャットで誤解されやすい文章は？

「？」のつけ忘れや、「なんで」の使い方に注意！

「面白くない？」と同意を求めたつもりなのに反対の意味にとられたり、図書館に行くまでの交通手段をたずねたのに、「どうして行くの？」と否定したように思われています。「？」があるかないかで正反対の意味になることがあるので注意しましょう。

ネガティブな返事はていねいに

「相手の誘いを断る」「反対意見を言う」といったネガティブな返答は、相手にとって気持ちいいものではありません。「行きたいけど難しい」「たぶん違うよ」など、表現をやわらげるひと言を添えてみましょう。

チャットの書き方は世代でさまざま!?

たとえば句点（。）のある文章を見ると、「よそよそしい」「怒っているようで怖い」と感じる人がいて、「マルハラ」（マル・ハラスメント）と言われることがあります。さらに絵文字がたくさん使われているメッセージを「おじさん構文」と呼ぶこともあります。ただ、世代によって受け取り方が異なるので、あまり気にしなくてもいいでしょう。

オンラインゲームに潜む

個人情報が流出!?

プロフィール欄などに個人情報を書き込んでしまうと、知らない人にも見られてしまいます。住所や電話番号などを書き込まないように気をつけましょう。

ボイスチャットで住所がわかる!?

ボイスチャット機能で、個人情報を伝えてしまったり、町内の放送がマイクに入ったりして住所などが特定されることも。話す内容や背景の音にも注意しましょう。

オンラインゲームは楽しいけどリスクもある

あなたはオンラインでゲームをしたことがありますか? Switchなどのゲームを始め、スマホにも無料のゲームがたくさんあり、世界中の知らない人たちとも一緒にプレイできるので楽しいですよね。

しかし、オンラインのゲームには多くの危険が潜んでいます。**大げさに言うと、ネット上で一緒にプレイする人の中に、犯罪者が混じっていてもわからないのです。**そのため、個人情報を書き込んだり、話したりしないような注意が必要です。

さらに問題になっているのが「アイテム課金」です。ゲームは無料でも、強くなるために有料のアイテムを購入したくなり、親のスマホに登録されているクレジットカードを無断で使い、課金するケースがあとを絶ちません。国民生活センターの調査によると、

高額の請求がくる!?

アイテムに課金をしすぎて、思わぬ高額請求がくることも。どのようなときに課金してもいいのか、それは誰が払うのか、事前に保護者と話し合っておきましょう。

小中高生の無断課金購入額

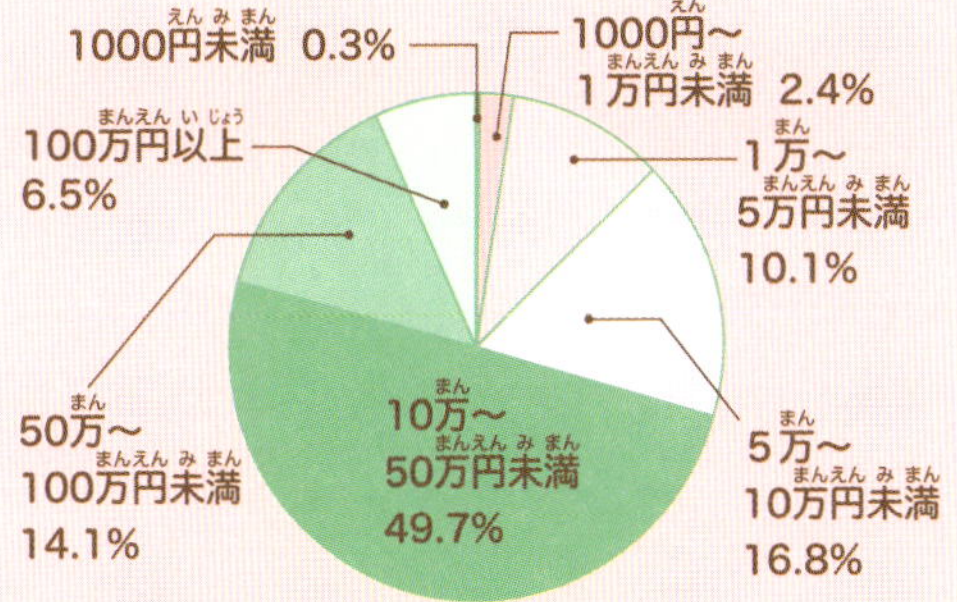

＊独立行政法人国民生活センター 子どものオンラインゲーム無断課金につながるあぶない場面に注意!!（2024年）

退会したいのにできない!?

退会手続きをするページが見つけにくい場合があります。また、退会しても、継続課金を解除する手続きが別に必要なケースもあります。入会前に、退会や解約の条件をよく調べておきましょう。

無料ゲームと思いきや？

2025年2月、芸能人がオンラインカジノで賭博をしていたことが話題になりました（日本では、競馬や競輪などの公営ギャンブル以外、賭博行為は犯罪です）。最初は無料ゲームと見せかけて、有料のオンラインカジノに誘導するしくみもあるようです。日本ではオンラインカジノは犯罪です。みなさんも気をつけましょう。

2022年の小中高生の無断購入額についての相談件数は4千件を超えています。また購入額の平均は約33万円と高額で、100万円を超える場合も少なくないというから驚きです。

ほかにも、「乗っ取り」や「なりすまし」によって、詐欺被害にあったり、加害者になったりすることもあります。おどかすつもりはありませんが、**オンラインゲームには楽しいばかりではなく、たくさんの危険があることを覚えておきましょう。**

個人情報を拡散させないためには？

毎日使っているスマホ。この小さな機器の中にはたくさんの個人情報が入っていて、しっかりと管理しなければ、これらが外部に漏れてしまいます。たとえばスマホを紛失すると、中身をのぞかれるかもしれません。また、スマホは手元にあっても、知らないあいだに情報が抜き取られることもあります。さらに、SNSの投稿などでうっかり自分で拡散させてしまうことも…。

あなたのスマホの情報が漏れると、家族や友人の情報も一緒に流出します。**危険から自分の身を守ることは、あなたのまわりの人たちを助けることでもあります。**個人情報を外に漏らすことのないように、このページに個人情報を守るための対策とセキュリティを高めるための方法をまとめておきました。ぜひ目を通しておいてください。

スマホの紛失

スマホを落としたり盗まれたりすることで、内部の情報を見られてしまいます。

対策

紛失しないように気をつけるのはもちろん、画面ロックをかけておくことも大事です。スマホの現在位置を探す機能の使い方やリモートロックのかけ方を調べておくとよいでしょう。

対策

アプリのインストールは正規のアプリストアからおこない、信頼できるアプリかどうかも確認します。また、アプリごと、機能ごと（カメラ機能など）に「アクセス権限」の変更ができるので、アプリとは関係のない機能へのアクセスは許可しないでおきましょう。

不正アプリのインストール

うっかりインストールした不正アプリに、スマホ内の情報へのアクセス許可を与えてしまうと、個人情報を盗まれることがあります。

２段階認証システムって何？

まずIDとパスワードを入れて認証をおこないます。すると自分が持っているスマホなどに通知が送られ、そこに示されたコード番号などを入力して初めてアクセスできるようになります。このような段階を踏むシステムを「2段階認証」と呼び、不正アクセスを防ぐ可能性を高めることができます。このシステムはSNSや銀行のサイト、オンラインショップなどを利用するときに使われています。

個人情報が漏れるのは、こんなところから！

アップデートしないと…

スマホのOS（オペーレーションシステムの略、スマホの操作やアプリを使うための基本的なソフトのこと）やアプリのアップデートをしないと、新しい機能が使えないだけでなく、セキュリティの問題点が修正されずにデータが流出したり不正利用されたりするリスクが高まります。

対策

めんどくさがらず、定期的にアップデートしましょう。スマホの容量が足らなかったり、機種が古かったりするとアップデートできないときがあるので気をつけましょう。

SNSに投稿した写真から

SNSに投稿した写真に、あなたの家や学校がわかるようなヒントが写っているかもしれません。また、写真データに位置情報が埋め込まれている可能性もあります。

対策

写真を投稿する場合は、場所を特定されるような情報が写っていないか確認します。多くのSNSでは、投稿された写真の位置情報が自動的に削除されますが、メールやブログの写真には注意が必要です。

パスワードの使い回し

さまざまなサービスサイトで、同じパスワードを使い回していると、どこか1つでも流出した際、ほかのサービスでも不正ログインされることがあります。

対策

それぞれのサービスごとに、異なるパスワードを使うか、こまめにパスワードを変更することで万が一流出しても防ぐことができます。

3-2 ネットの危険から身を守ろう

ネットを介して犯罪に巻き込まれる事件があとを絶ちません。私たちはネットの危険からどうやって身を守ることができるのでしょうか。

ネットの「危険」ってどんなものがある？

さまざまなウェブサイトを簡単に見ることができるスマホやパソコンは、便利な半面、悪意のある人たちともすぐにつながってしまいます。名前はもちろん、顔や性別、年齢、通っている学校（会社）などのプロフィールについていくらでもウソが言えてしまうのがネットの世界です。

リアルな生活が楽しくなかったり、つらいことがあったりすると、ネットの世界にひたってしまうこともあるでしょう。ネットの向こう側にいる人から優しい言葉をかけられて、「自分をわかってくれる人はこの人しかいない」と思う気持ちもわかります。**人を**

ケース①　Aさん（14歳）　裸の自撮り画像を送ってしまった!?

SNSで知り合った人から「裸の自撮り写真」を送るように言われたAさん。その相手はてっきり女性だと思い込んでいたのですが、実は男性で、写真をばらまかれたくなかったら言うことを聞けと脅迫されてしまい、Aさんは困り果ててしまいました……。

信用するのはとても素晴らしいことですが、一度も会ったこともない人を信じるのは非常に危険です。

また、「無料」「割のいいバイト」などの甘い言葉につられて怪しげなサイトに近づき、**個人情報などをさらすと、被害にあうだけでなく、自分が犯罪者になってしまうこともあります。**ここでは、ネット犯罪の被害にあった二人の中高生のケースを紹介します。非常に怖い事件ですが、誰もが陥る危険性があると知っておいてください。

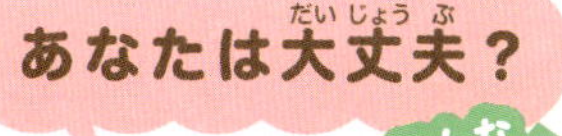

あなたは大丈夫?

ネットにはこんな危険がある!?

お金が欲しくて…
楽にもうかると聞いたから…
Cくん

相談に乗ってくれると思って…
Aさん
とてもいい人だと思っていたのに…

ケース② Cくん(17歳)

甘い話に乗って闇バイトに!?

3

知らないおばあさんから封筒を受け取ったけど大丈夫かな?

封筒の中には50万円も入っていて、そのうち5万円をもらったんだけど

5万円

大丈夫かな…

4

もうやりたくないってメッセージを送ったら

お前の個人情報ばらすぞ!

お前の写真をさらしてサギの犯人だと拡散するからな!

どうしたらいいんだろう?

Cくんは SNSで「高収入バイト」という言葉にひかれて応募しました。決められた時間に荷物を受け取るバイトだったのですが、その荷物には大金が入っていて、その大金の中からバイト代をもらったのです。これは犯罪の実行者にされる、いわゆる闇バイトというものです。

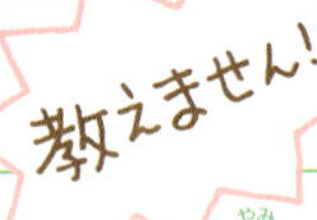

闇バイトに加担してしまったら…

SNSなどで「高収入バイト」「簡単に稼げる」といった甘い言葉で、アルバイトの募集をしていることがあります。これらは「闇バイト」と呼ばれるもので、高額な報酬とひきかえに、違法な行為に加担させられてしまいます。こうした闇バイトは、応募のときに身分証明書や携帯電話番号、住所や親の名前、学校名などを提出させるので逃げることも難しくなります。もし逮捕されても、その闇バイト先は絶対に助けてくれません。

対策は?

- □楽でもうかるアルバイト(仕事)はないと心に刻んでおく
- □個人情報を教えてほしいと言われても提出しない
- □万が一加担してしまったら、保護者に打ち明けて警察に行く

送りません!

自撮り画像の性被害にあったら…

ネット上で知り合った人から、裸や下着姿の自撮り写真を送信させられる性被害が増えています。犯人は言葉巧みに被害者に近づき、ときには親身に相談に乗ってあげたり、うれしくなるような言葉をかけたりして被害者を信用させ、自撮り写真を送るように誘導します。そして自撮り写真をばらまくなどとおどして誘い出し、危害を加える事件がたくさん起こっています。

対策は?

- □相手が誰であっても自分の個人情報は簡単に知らせない
- □一度も会ったことのない人を安易に信用しない
- □誰であっても裸の写真は絶対送らない
- □万が一、被害にあったら保護者や先生に相談する

ネットの「危険」からどうやって身を守る?

前のページでは、二人の中高生がネットで大きな被害にあったケースを紹介しました。とても怖い事件ですよね。「自分だけは大丈夫」「だまされるわけがない」と思っている人も多いかもしれませんが、犯罪者はとても巧妙な手口で近づいてくるので、誰もがだまされてしまう可能性があります。

まず知っておいてほしいのは、**「おいしい話」は絶対ないということ**です。「懸賞金が当選した」「お小遣いをプレゼント」「ただ荷物を受け取るだけで10万円」といったメールは、詐欺や犯罪だと思って間違いありません。また、ネットで知り合った人を簡単に信じて、自分の情報や写真などを送らないように気をつけましょう。

だまされたと思ったら、**自分一人でどうしたらいいか悩むのではなく、早めに保護者や先生に相談することが大**

ほかにも危険があちこちで待ち構えている!!

懸賞金が当たったので口座番号を教えたら…

「懸賞金1万円が当たりました。銀行の口座番号を教えて」というメールが届きました。口座番号だけならいいかと思って教えたところ、「間違えて100万円を振り込んだ。1割あげるから、全額を下ろして、9割をこの口座に振り込み直して」と言われて実行。実は自分の口座が振り込め詐欺に使われていて、「出し子」(被害者のお金を引き出す役割のこと)として逮捕されてしまいました。

対策は?

- □ 口座番号を教えない
- □ 万が一振り込まれたら、出金せずに保護者と警察に相談する

無料プレゼントに登録したら…

「ユーザー登録すれば、有料のアイテムやスタンプをプレゼント」というサイト。メールアドレスだけなら大丈夫だろうと登録したところ、いきなり「登録手数料3万円が必要。身元はすぐに割り出せる。払わないと訴える」と言われました。「支払いは、ギフトカードを買って番号を知らせて」と言われて、従ってしまいました。

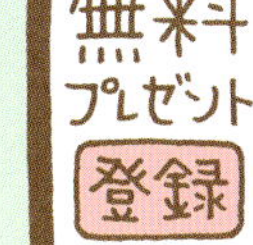

対策は?

- □ 怪しいサイトに登録しない
- □ おどされても無視する
- □ 早めに保護者に相談する

自殺サイトに引き込まれてしまい…

いじめにあっていたときに、「中学生がいじめで自殺」というニュースを見て、興味半分で、SNSを検索。自殺願望のある人たちのグループを見つけて参加してみたところ、「一緒に死んでくれる人を募集中」といったコメントがあり、だんだんとそんな気分になっていきました。

対策は?

- □ 自殺や家出を誘う人に近づかない
- □ 保護者や先生に相談する

相談先リスト

● 24時間子供SOSダイヤル(文部科学省)

0120-0-78310(無料)

いじめや友だちや先生のことで悩みがあったら、いつでも相談できる窓口です。電話すると、発信された所在地の教育委員会の相談窓口につながります。

● こどもの人権110番(法務省)

0120-007-110(全国共通・無料) *スマホからタップして電話がかけられます。

親や先生に話しにくい被害や悩みについて相談することができます。まわりで困っている人がいる、という相談も受け付けています。

8:30〜17:15(月曜日から金曜日)

● 性犯罪被害相談電話(警視庁)

https://www.npa.go.jp/higaisya/seihanzai/seihanzai.html

性犯罪の被害にあった人のための相談窓口です。全国共通番号(#8103)に電話すると発信された地域の警察の性犯罪被害相談窓口につながります。

● 特定非営利活動法人チャイルドライン支援センター

https://childline.or.jp/

電話とオンラインチャットで、おもに18歳までの人の相談に乗っています。

電話相談 0120-99-7777(毎日16時〜21時)

切です。まわりの大人になかなか言えないときはこのページに相談先のリストを載せておくので連絡してみてください。あなたは一人ではありません。いつでもどこでもあなたの相談に乗ってくれる人は見つかるはずです。

迷惑メールから自分の身を守るには？

自分のメールアドレスを持ち、メールのやりとりをするようになると、「迷惑メール」「スパムメール」などと呼ばれるメールが届くことがあります。

たとえば身に覚えがないのに、高額賞金が当たったとか、サービス利用料金が払われていないなどと送られてくるメールです。また、公的な機関や有名な企業の名をかたってIDやパスワード、クレジットカード番号などの個人情報を入力させるメール（フィッシングメール）などもあります。

こうしたメールにまどわされ、個人情報を入力し、お金をだまし取られる被害にあう人が増えています。警察庁の調査によると**2023年の被害は5千件を超え、被害額は約80億円にもなっています。**

犯人は不特定多数の人にメールを送りつけます。ほとんどの人は「これは

賞金が当たった!?

From：公益法人ハッピーライフ
To: ●●●●
件名：当選おめでとうございます！

おめでとうございます！
●●が当選しました！
受け取り手続きはこちらから！
受け取り手続きへ進む！

読んだ人をぬか喜びさせ、その勢いでリンクをタップさせてフィッシングサイトに誘導し、個人情報を入力させます。知らない誰かが大金をくれることなど絶対にありません！

対策
- □ リンクのURLをタップしない
- □ 早めに削除する

荷物が届かない!?

From：シロネコ急便
To: ●●●●
件名：再配達手続きのお願い

お客様あての荷物をお届けしましたが、ご不在のため持ち帰りました。
下記によりご確認ください。
再配達の手続き

宅配業者を装ったメールが届くことがありますが、多くがニセのメールです。リンクをタップさせて個人情報を入力させたり、不正なアプリをダウンロードさせたりします。

なんか注文したっけ？
そのメール怪しいかも！

対策
- □ リンクのURLをタップしない
- □ 不在票が届いていなければスパムメールを疑う
- □ 宅配業者に事前にメールアドレスを登録していないのであれば、スパムメールを疑う

※ほとんどの宅配業者はSMS（ショートメッセージ）による不在通知をおこなっていないので、SMSで届いたらスパムメールの可能性が高い。

怪しい」と思い無視するのですが、ごく少数の人が運悪く反応してしまいます。たとえば、Aというショッピングサイトで買い物をした人のところに、Aそっくりになりすましたフィッシングメールがすぐ送られてくると、つい反応して個人情報を入力してしまうのです。犯人は1000人のうち1人、あるいは100人のうち1人ぐらいをだませればいい、膨大な数のメールを送る「数撃てば当たる」作戦をとっています。とてもずる賢い手口です。

　このページでさまざまな迷惑メールの例とその対策についてまとめておきました。よく確認しておいてください。

万が一、メールのURLをタップしてしまうと…

URLをタップすると、多くの場合、氏名やID、パスワード、携帯電話番号など、あなたの個人情報を入力する画面が現れます。あなたの大切な情報が盗まれるので、万が一この画面が現れても、絶対に入力しないでください。お金を盗まれたり、アカウントの不正使用や乗っ取り、個人情報の流出などをまねいたりしてしまいます。

料金が未払い!?

料金が支払われていないので、至急払うようにというメールです。携帯電話のSMS（ショートメッセージ）で受け取ることが多いです。携帯電話会社のIDとパスワードを入力した場合、回線ごと乗っ取られることもあります。

対策

- □リンクのURLをタップしない
- □料金が未払いかどうかは、携帯電話会社の公式サイトから確認する
- □公式サイトでわからないときは直接会社に電話するかショップで聞く

メールアドレスが漏れてしまうのはなぜ？

もしもあなたが、懸賞サイトやポイントサイトなどに登録したのであれば、そこから漏れている可能性があります。悪い人たちはこれらの情報を転売するので、さらに広まります。「無料で○○プレゼント」などの言葉につられて、怪しげなサイトにメールアドレスを書き込まないようにしましょう。また、有名な企業のサイトであっても、ハッキング（不正侵入）されて顧客情報が漏れることもあります。

詐欺犯は こんな人をダマす!!

危険なサイトに引っかかるのはなぜ？

前のページでは、迷惑メールにだまされるのは、だますほうが「数撃てば当たる」方式で膨大なメールを送るからだと説明しました。実は、だまされるのはそれだけが原因ではありません。**私たち人間は、「楽をして稼ぎたい」「禁止されているものを見たい」「みんなに認められたい」といった欲望や弱い心を持っています。**これは誰にでもある心理で、犯人はそこにつけ込んでくるのです。

たとえばネットショッピングで、高価な商品がものすごく割引きされているのを見ると、思わず興奮してしまい、その店をよく調べることなく買ってしまうかもしれません。これは「得をしたい」という人の欲望につけ込んでくるわけです。どんなに立派に見える大人でも、社会的に地位の高い人でもだまされることはあります。

うっかり危ないサイトに近づいても、ネットの詐欺について正しい知識があれば、ギリギリのところで踏みとどまることができるはずです。

楽して稼ぎたい

「現金プレゼント」「賞金が当たりました」といった文句につられて詐欺にあう人があとを絶ちません。これらは、「詐欺に引っかかりやすい人のリスト作成」などの目的があります。見ず知らずの他人が、あなたに多額のお金をあげるメリットはないのです。

お金が欲しいなあ

知識が少ない

ネット犯罪の事例やスマホの使い方を知らない人ほど、危険なサイトと遭遇したときにだまされやすくなります。「典型的な詐欺の手口とはどのようなものか」「このような脅迫メールを放置しても大丈夫か」といったことがわかっていれば、被害はある程度防ぐことができます。正しい知識を身につけておきましょう。

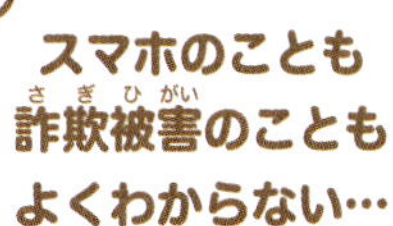

相談できる人が少ない

スマホに脅迫メールが届いたときや、スマホがウイルスに感染していると警告を発したときなど、すぐに相談できる人はいますか？　相談できる人がいないと、大事なことを一人で決めなければならず、追い込まれた心理状態では間違った判断をしがちです。P.99の相談先リストも参考にしつつ、困ったときの相談先をふだんから探しておきましょう。

さびしい

友だちが少なかったり家族と仲が悪かったりすると、どうしても孤独な気持ちになってしまいます。「出会い系サイト」には、孤独な人たちをねらう犯罪者がたくさん潜んでいます。危険なサイトに出会いを求めるのではなく、実生活での友だちや家族との関係を大切にしましょう。

「だまされるほうが悪い」って本当？

詐欺被害については、「だまされるほうが悪い」とよく言われます。被害に気づいた人の多くは、そのことを恥ずかしく思い、人にも話せず、自分を責めてしまいます。ですが、はっきり言っておきたいのは、「だますほうが悪い」のです。被害にあった人を責めるようなことはやめましょう。

ルールを決めてからネットを使おう

ネットの危険性について、ここまでたくさん説明をしてきました。どのように行動すれば危険な目にあわなくてすむのか、ここのページにまとめています。これは、すべての人に守ってほしいルールです。ネットでは知らない人には近づかず、自分の情報も教えないでください。怪しいサイトやSNSグループにも近づかないようにしましょう。

これらとは別に、各家庭でルールを決めておいたほうがいいこともあります。たとえば、「スマホを使っていい時間帯」「使ってはいけない場面」というのは、家庭によって異なります。**保護者とよく話し合って、しっかりルールを決めておくことが、あなたをネットの危険から守ってくれることになります。**

スマホを使っていい時間と場所

スマホをダラダラと使い続けないために、「〇時以降は使用禁止」「自分の部屋に持ち込まない」「食事中はスマホ禁止」などのルールを決めておきましょう。

スマホでネットショッピングをする条件

ネットショッピングは、保護者と一緒におこなうのが原則ですが、一人で買ってもいいと言われる家庭もあると思います。その場合は、「自分のスマホで買っていいものは何か」「そのときの支払いは何を使うのか」といったことを、相談して決めておきましょう。

ペアレンタルコントロールを設定すると安全

スマホには、使える機能を制限するための「ペアレンタルコントロール」設定などがあります。家庭でよく話し合って設定すると、とても安全です。

- **ウイルス対策アプリを入れる**

ウイルスや不審なプログラムを検知するアプリを取り入れて、スマホを守ります。

- **フィルタリングを設定する**

アクセスできるウェブサイトや、使用できるアプリなどに制限を設けます。

- **時間制限をかける**

スマホを使える時間に制限を設けます。

ゲームの有料アイテムを購入するときの条件

「どのゲームならやってもいいのか」「課金をしてもいいのか」「支払い方法や限度額は？」といったことを決めておきます。

インターネットを安全に使うための7か条

1 知らない人に個人情報を教えない

自分の名前、住所、電話番号、学校名、ID、パスワードなどを教えないようにしましょう。ヒントになるようなことも避けます。

2 ネットで知り合った人に会わない

相手は「同い年の女の子」だと言っていても、大人の男性かもしれません。だまされて事件になったケースもあります。

3 知らない人からのメールは開かない

スパムメールの可能性があります。身に覚えのないお店やサービスからのメールも、P.100のように、慎重に扱いましょう。

4 ファイルのダウンロードは慎重におこなう

アプリにも不正なものが混じっている可能性があるので、ダウンロード前によく確認しましょう。ファイルをダウンロードする際には、正規の合法なサイトなのかよく調べます。

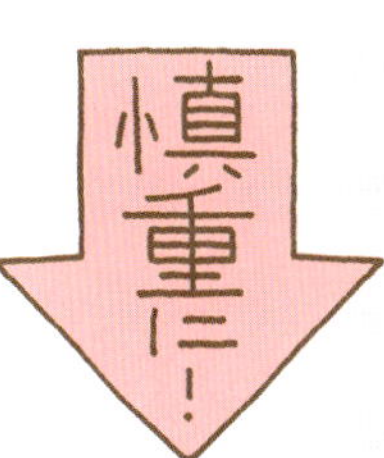

5 怪しいウェブサイトを開かない

有害サイト、海賊版サイト、闇バイトサイトなどに自分から近づかないのはもちろん、なりすましサイトにも気をつけましょう。

6 知らないSNSのグループに入らない

知らない人から、LINEグループに勝手に追加され、詐欺サイトへ誘導されることがあります。すぐにグループから抜けてください。あらかじめ、「知らない人に一方的に友だち追加されない」という設定にしておきましょう。

7 困ったときは早めに大人に相談する

気をつけていても、知らない人から巧みに誘われたり、脅迫されたり、ということがあるかもしれません。困ったときは、一人で抱え込まず、早めに親や先生に相談しましょう。電話で相談できる機関（▶P.99）もあるので、利用するといいでしょう。

3-3

あなたが加害者にならないために

私たちはネットの被害者にならないようにするだけでなく、加害者にならないように気をつける必要があります。

匿名で書き込めるのがSNSのいいところ？

あなたはネットに書き込みをしたり、誰かの発言にコメントしたりするとき、本名（実名）を使いますか？　それとも匿名（自分の名前を隠すこと）にしますか？　LINEなど、おもにお互いのことをよく知っている人たちのあいだで使うものには、本名を選ぶ人が多いかもしれませんね。いっぽう、不特定多数の人が見るX（旧Twitter）や掲示板サイトでは匿名を選ぶ人が多いのではないでしょうか。

匿名のメリットは安全性です。どんな人が見ているかわからないので、本名を公

佐竹明彦 @satake
ここのオムライスはとてもおいしかった！　隣の人が食べていたハンバーグもおいしそうだったので今度たのんでみたい！

のんちゃん @non_chan
私もこのあいだの土曜日に食べにいきました。ハンバーグ、おいしかったですよ！

本名のメリット

発言に責任が伴うので信頼されやすい

書き込んだ人が本名で投稿していると、それなりの自信や覚悟を持って書いていることが伝わり、この人は信頼できそうだという印象が強くなります。

本名のデメリット

特定されて被害を受けることも

本名だと特定されて被害を受け、個人情報が盗まれるおそれがあります。まわりが気になって本音が書きにくくなることもあります。

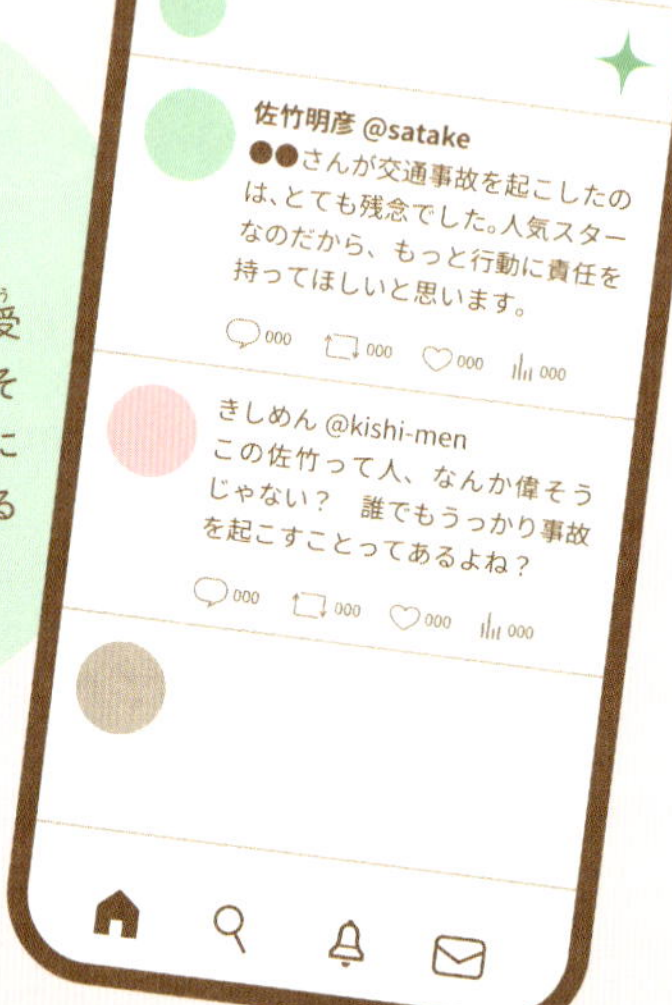

佐竹です

開していると、犯罪を企てている人や、攻撃しようとしている人にねらわれてしまう危険性があります。また、匿名だと個人が特定されないので、まわりに気を遣うことなく、思っていることを自由に発言することができます。**世の中に対して訴えたいこと、困っていることを発信することでそれが話題となり、社会に大きい影響を与えることもあります。**

いっぽうで、「何を言っても個人が特定されず守られる」と考え、誰かを傷つける悪口を書いたり、根拠のないうわさ話を流したりする人も出てきます。「そんなこと、自分はしない」と思っている人も、**親切心や正義感から迷惑行為をしてしまうこともあります。**イヤなことがあったイライラで攻撃的な書き込みをしてやろうと思うこともあるかもしれません。場合によっては犯罪の加害者になってしまうこともあるので、気をつけましょう。

匿名のメリット

周囲を気にせず自由に発言できる

自分の思っていることを誰にも遠慮することなく書き込むことができます。さまざまな理由で本音が言いたくても言えない人には匿名は有効です。

匿名のデメリット

無責任な発言や誹謗中傷をしてしまう

特定されないので気が大きくなり、あまり根拠のないことや、勝手な思い込みで誰かを傷つけるようなことをつい書いてしまいます。

注意!! もしかしてこんな書き込みをしていない？

個人情報をさらす

誰かの名前やメールアドレス、電話番号、住所、学校名、写真などを本人の許可なく公開するのはプライバシーの侵害にあたり、被害者から訴えられることもあります。

おかわり @okawari
評論家のAって、●●大学出身と言ってるけど、ホント？
Aと高校のとき同級生だった人の話をたまたま聞いたんだけど、●●大学じゃなくて××大学なんだって！
000 000 000 000

うわさを広める

そもそも「うわさ」とは、出どころや根拠がはっきりしない話なのですが、受け取る側は本当のことだと思ってしまうのでやっかいです。

匿名は匿名じゃない!? 悪質な書き込みはダメ！

たとえば、あなたはクラスのAさんのことが嫌いだとします。では、ネット上の掲示板でAさんの悪口を自分の名をふせて、思いきり書いてもいいのでしょうか？——Aさんの側から考えると、誰だかわからない人から悪口を書かれていることを知ったら、とても怖いし深く傷ついてしまいますよね。もしかすると、あまりのショックで学校に行けなくなったり、心の病気になってしまったりするかもしれません。匿名だからといって何でも書いていいわけではありません。「ウソ」や「悪口」、「うわさ」などを書いたり、個人情報（本名や住所、学校名など）をさらしたりすることは絶対にやめましょう。

なかには「バレないから大丈夫」だと思う人がいるかもしれませんが、あなたのスマホやタブレット、パソ

人はネット上だとキャラが変わる!?

アメリカの社会心理学者ロバート・B・チャルディーニが書いた『影響力の武器』という本によると、人間には「この人は一貫している」とまわりから思われたい気持ちがあり、その一貫性がときには正確性よりも重視されることがある、と書かれています。その考えにもとづくと、たとえばSNSで「俺様」というハンドルネームにしたら、なんとなく偉そうなことを書きたくなり、誰かの悪口を言ったり、暴言を吐いたりするようになっているかもしれません。知らず知らずのうちにキャラが変わるのがネットの怖いところです。

正義感を振りかざす

自分が信じている正義（基準のようなもの）にもとづいて、少しでもその基準から外れている人を見ると攻撃したくなります。右の例だと、確かに歩きスマホはよくないことですが、個人名をさらして攻撃してはいけません。

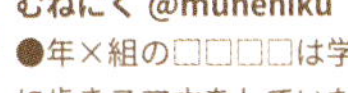

犯罪を予告する

「学校に爆弾をしかけた」「ぶっ殺す」など、明らかな犯罪行為を示す書き込みは、それだけで警察の取り締まりの対象になり、逮捕されます。たとえ冗談や悪ふざけであっても許されません。

コンには「IPアドレス」という固有の番号が割り振られているので、警察が調べればすぐにあなたが犯人だとわかります。**あまりに悪質な書き込みをすると、いくら匿名であってもバレてしまうのです。**特定されてから、「そんなつもりはなかった」と言っても許されません。また、誹謗中傷の書き込みを拡散したり、「いいね」を押したりする行為も同様に訴えられて有罪になるケースが増えています。

残念ながら軽い気持ちで書き込んだことが大きな事件となり、逮捕されたり、高額の賠償金を請求されたりする人があとを絶ちません。世界につながるインターネットという便利なツールを使うときには、ルールとマナーをしっかり守り、加害者にならないように気をつける必要があるのです。

なぜ人は誹謗中傷をしてしまうの？

誹謗中傷とは、悪口や罵倒、根拠のないでたらめやウソを並べ立て、相手を傷つける行為です。よく話題に上るのが、SNS上で芸能人や有名人の言動に言いがかりをつけ、誹謗中傷が始まり、炎上するケースです。

２０２０年、あるテレビ番組の出演者の女性が、番組中での言動について、SNSで「死ね」「消えろ」など多数の誹謗中傷を受け、その数は３００件にも及びました。女性は家族や友人に「つらい」などと漏らし、自傷行為に及んだ末に命を絶ちました。誹謗中傷をする人たちは、なぜこのような行為をしてしまうのでしょうか。

誹謗中傷の加害者に聞き取り調査をした記録によると、さまざまな理由があるようです。匿名だと好き勝手なことを書き込むことができ、問題が起きてもバレないという安心感があること。

誹謗中傷をしてしまう人の気持ち

バレないという安心感がある

匿名で書き込めば問題が起きてもバレないと思い込んでいます。しかし、訴えられると特定されます。

ストレス解消ができる

日々の生活でつらいことや不安などのストレスを感じていて、それをうまく発散できないでいると、誹謗中傷をはけ口にしてしまいます。

他者をおとしめて優越感にひたる

誰かを誹謗中傷することで、その人より自分のほうが優位に立っていると思い込み、いい気分になります。

時間だけはありネットに逃げ込む

心が満たされない状態で、時間だけはあるとき、ネットに逃げ込み、誹謗中傷に加担してしまうことがあります。

間違った正義感を行使

「あいつは悪いことをしている。だから攻撃していいんだ」と、間違った正義感に駆られてしまいます。この気持ちが強いと、自分は加害者だという意識が薄くなってしまいます。

「祭り」に参加している気分になる

誹謗中傷の書き込みが炎上している場合、そこに参加していると気分が高揚して、まるでお祭りに参加しているような気分になってしまいます。

承認欲求が満たされる

「いいね」をつけられると、他者から認められたいという気持ち（承認欲求と言います）が満たされるので、誹謗中傷の書き込みで「いいね」を期待します。

また、炎上に参加しているという高揚感や、悪口を書いて誰かから「いいね」をつけられたときの優越感、「悪いやつを懲らしめている」という自分勝手な正義感なども理由のようです。**誹謗中傷をする理由として最も大きいのは、他人の痛みに対する想像力のなさかもしれません。**そのため自分が相手を傷つけたという想像力がはたらかず、反省する気持ちにもならないようです。先の資料によると、実際の加害者の発言として、「炎上に加担したのはよくなかったが、悪意があったわけではない」といった言葉が聞かれ、被害者に対する謝罪はほとんどなかったといいます。とても残念な話です。私たちは、自分が気軽に書き込んだ投稿が、相手を深く傷つけてしまうかもしれないということを、強く意識する必要があります。そして、誰もが誹謗中傷の加害者になる危険性があることに気をつけながら、ネットを利用していかなければならないのです。

誹謗中傷についてのQ&A

Q 誹謗中傷をした人は逮捕されるの？

侮辱罪や名誉毀損罪で逮捕されることも

その誹謗中傷が法律上問題のある行為だと認められた場合は、侮辱罪や名誉毀損罪が適用され、最大3年以下の懲役・禁錮または50万円の罰金が科せられます。匿名の場合でも必ず特定されるので逃げられません。誹謗中傷をした人だけでなく、リツイート（リポスト）したり、「いいね」を押したりした人も同じ罪に問われる可能性があります。ですが、被害者が訴え、裁判に持ち込んだり、加害者に損害賠償請求をしたりするまでの時間やコストにかなりの負担がかかるのが現状です。

Q 誹謗中傷は「言論の自由」なの？

誹謗中傷は言論ではなく「暴力」に近い

誹謗中傷をしている人が責められたとき「これは誹謗中傷ではない。言論の自由だ」と反論することがあります。しかし、誹謗中傷は明らかに他者を傷つけるもので、「暴力」に近いものです。言論の自由があるからといって許されるものではありません。

Q「誹謗中傷」と「批判」のちがいは？

相手の人格を否定しているかどうか

「誹謗中傷」は相手の人格を傷つけるものですが、「批判」とは人のやったことについての善し悪しを論じたり、相手と異なる意見を述べたりすることです。

❶「そのやり方、間違っているよ。こいつバカなの？」
❷「そのやり方は違う。私は●●したほうがいいと思う」

❶は誹謗中傷（バカだと相手の人格を傷つけている）で、❷は批判（間違っていると指摘しているだけで、相手の人格を傷つけてはいない）です。批判は健全な議論のために必要なものですが、多くの人がいっせいに一人を批判すると、大きな心の傷を負わせてしまう場合もあります。

ネットいじめに加担してない？

全国の小中学校と高校を対象にした文部科学省の調査（2023年）によると、パソコンや携帯電話で誹謗中傷やイヤなことをされたという「ネットいじめ」が年間約2万4千件も認知されたことがわかりました。この件数は年々増加しており、深刻な問題です。

ネットいじめはおもに、LINEやX（旧Twitter）、InstagramなどのSNSを利用するなかで起こります。特定の人の悪口や陰口を言ったり、根拠のないうわさを立てたり、プライバシーを暴いたりする行為です。リアルな場でのいじめなら、相手（加害者）の顔や名前がわかりますが、誰だかわからない人からのいじめを受けることがあるのがネットの怖いところです。書き込まれた内容はずっと残りますし、拡散も簡単なので多くの人に見られる危険性もあります。

また、ネットは24時間ずっとつながっていて、家の中にいても心が休まりません。

特にSNSのグループ内で起こるネットいじめは、外部からは見えにくく、親や先生の目の届かないところで起こるため、エスカレートしやすい傾向もあります。

ネットいじめにあった人は、自尊心をどんどん削られていきます。心身の不調を引き起こし、最悪の場合、自殺に追い込まれてしまう危険性もあります。あなたは、こうしたネットいじめに加担していないでしょうか。よく自分に問いかけてみてください。

こんなネットいじめがある!?

A　今度の日曜、みんなでゲーム大会やらない？

僕もやりたい！

B　いいね！

誰の家でやるの？

C　OK！

D　楽しみ！

場所と時間決まった？

明日は日曜だけど、何時から？

返事どうしてくれないの？

返事がない…。

仲間はずれ

グループ内で、特定の人をわざとはずしたり、その人が書き込みをしても無視（既読スルー）したりすることです。仲間はずれにされた人は、誰も答えてくれないので不安や疎外感に苦しめられてしまいます。

ネットいじめの認知件数

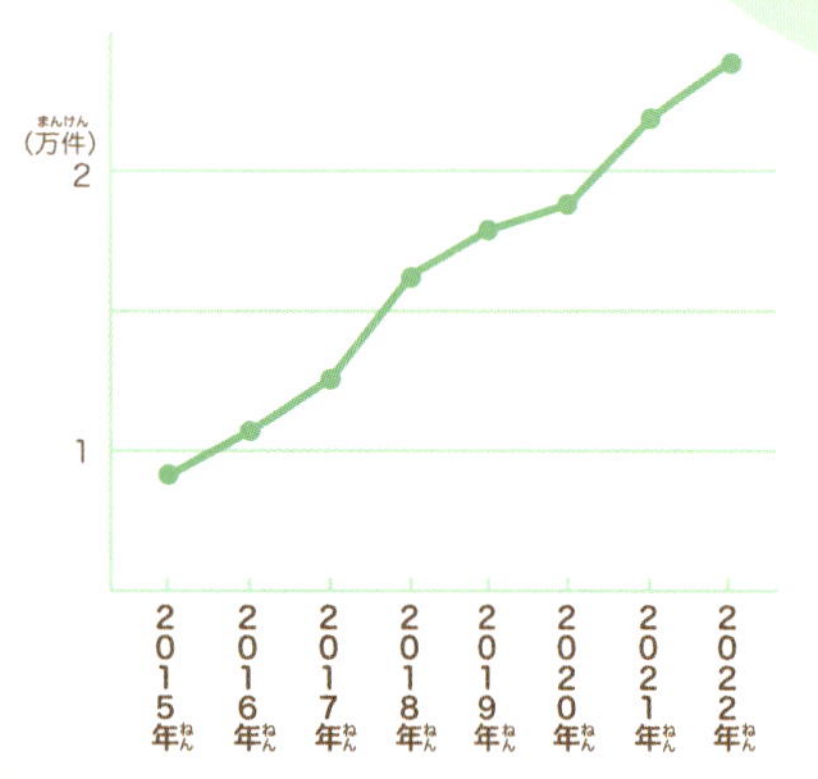

＊文部科学省　2023年度 児童生徒の問題行動・不登校等生徒指導上の諸課題に関する調査結果の概要より

ノリやいじり

メンバー内の誰かを、みんなで笑いの種にする行為です。ただの「ノリ」「いじり」のつもりかもしれませんが、その人がイヤがっていれば、それは「いじめ」です。

恥ずかしい…

ねたみやうらやみ

もちろん書いた人が悪いわけではありませんが、「テストでいい点を取った」「部活で優勝した」などのポジティブな書き込みが、それを見た人からねたみを買ってしまったケースです。

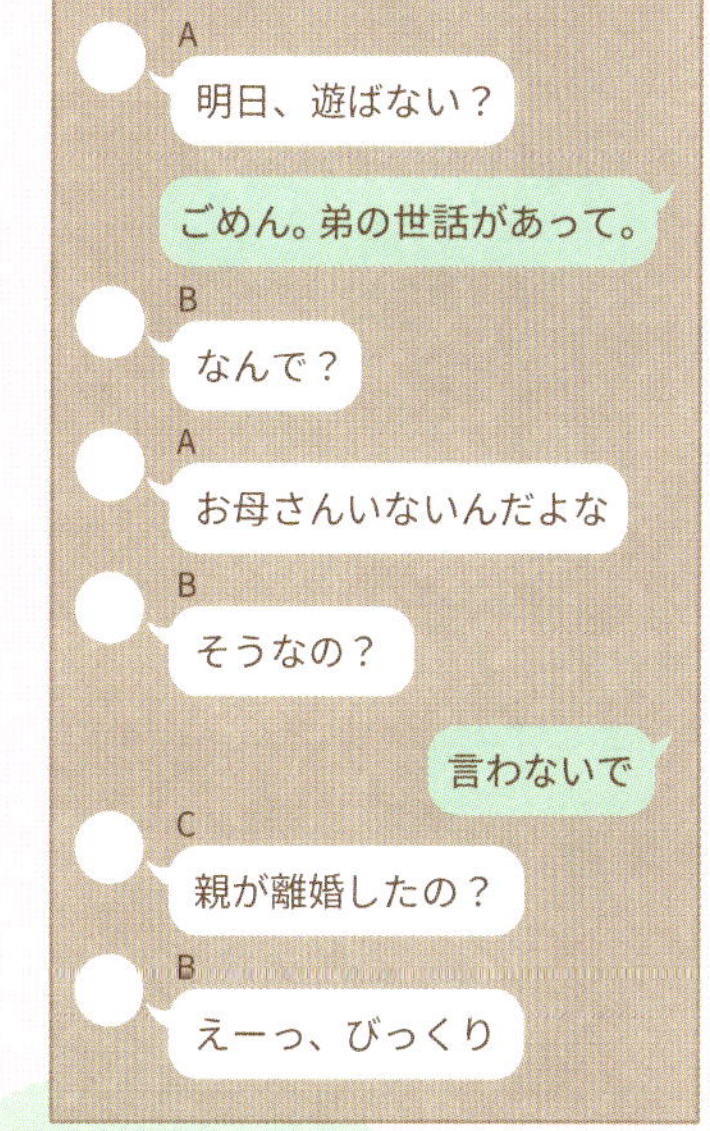

ネットいじめに加担する人の心の中はどうなっている？

『ネットいじめの現在』という本によると、いじめの加害者は、いじめる相手を苦しませることが目的ではなく、一緒にいじめる仲間との人間関係を維持するために、いじめをおこなうのだということです。つまり加害者にとって、いじめる相手は誰でもよく、真剣に見ているのは、まわりの仲間の反応だけという場合が多いようです。自分が仲間はずれになるのをいつもビクビクしながら、ターゲットになった子をみんなでいじめ、安心しようとするのです。あなたはどう思いますか？

出典:『ネットいじめの現在 子どもたちの磁場でなにが起きているのか』／原清治・編著（ミネルヴァ書房）より

プライバシーをさらす

仲間のプライベートなことは、たとえ知っていてもむやみに書き込むべきではありません。興味本位に質問されて、当人は深く傷ついてしまうかもしれません。

面白半分でやったことが大炎上してしまう!?

悪ふざけ投稿が大ごとになってしまう!?

電車の線路内に立ち入り、Vサインをした写真。あるいは、回転寿司店で備え付けの醤油差しの注ぎ口をペロッ

“特定班”と呼ばれる人たち

ネット上には、悪ふざけの投稿を見つけ、「これは許せない！」「非常識だ！」とつるし上げ、悪ふざけをした人の個人情報を徹底的に調べ上げて拡散する「特定班」と呼ばれる人たちがいます。明らかにやりすぎの感はありますが、ネットの世界は「悪いことをした人は何をされても文句は言えない」という雰囲気が支配しているのです。人の正義感ほど歯止めが利かず、怖いものはありません。

となめた動画。さらには、ショッピングモールで、カートをエスカレーターの上から転がした動画――こうした「悪ふざけ投稿」は、危険であるだけでなく、被害を受けたお店や施設から多額の損害賠償を請求されることがあります。また、悪ふざけをした人はネット上に顔や名前などの個人情報がさらされ、誹謗中傷を受けたり、学校を退学させられたり、会社を解雇されたりする場合もあります。本人だけでなく、家族までが誹謗中傷の対象となることも。さらに、**悪ふざけ投稿をした画像や動画は拡散され、いつまでもネット上に残ります。**これを「デジタルタトゥー」と呼ぶこともあり、**進学や就職に支障が出るなど、将来にわたって大きなダメージが残ることになります。**

悪ふざけ投稿は絶対すべきではないのですが、残念ながらこうした投稿をする人はあとを絶ちません。このページでは悪ふざけ投稿をする人たちの心の中を探ってみたいと思います。他人にも将来の自分にも大きな迷惑をかけてしまうこうした行為をしないためには、どうしたらいいかを考えてみてください。

なぜ悪ふざけ投稿をしてしまうのか？

注目を浴びたい、目立ちたい

過激なことをすれば、みんなにウケるだろうと思ってやってしまう人たちがいます。そうやって目立つことで人気者になれると思うのでしょうが、迷惑をかけられたほうは、たまったものではありません。

常識やモラルを甘く見ている

一般的な常識やモラルをやぶっても「大目に見てくれるだろう」「未成年だから大丈夫だろう」と思っています。ネットの中だと余計にそうした気分になってしまうようです。しかし、どんなに謝ってもやったことは許されません。

仲間内だけでウケたい

仲間以外には閲覧できないように制限をかけ、そのグループ内だけでウケをねらった悪ふざけを投稿します。しかし、投稿されたものはコピーしていくらでも拡散できるので、仲間のうちの誰かが公開してしまい、多くの人の目に触れる可能性があります。

悪ふざけをした人だけでなく、撮影や投稿した人も罪に！

悪ふざけ投稿は、損害賠償請求されるだけでなく、刑法の「威力業務妨害罪」などに問われ、3年以下の懲役または50万円以下の罰金を科せられる可能性があります。これは悪ふざけをした人（動画に映っている人）だけでなく、撮影や投稿をした人も共犯として同じ罪に問われる可能性があります。

むやみに画像を貼ると著作権の侵害になる！

最近読んだマンガの感想をSNSやブログで投稿するとしましょう。文章だけだと味気ないので、ネット検索でそのマンガの画像を探し、それを自分のブログに貼り付けました――このような行為はやってていいことでしょうか？　それともいけないことでしょうか？

答えは「やってはいけない」です。著者であるマンガ家と、そのマンガを発行している出版社には著作権があり、著作権法という法律で守られているためです。著作権を持つ人たちの許可もなく、無断でコピーして発信すると、その画像の消去を命じられるのはもちろん、損害賠償を請求されることもあります。

マンガに限らず、小説やイラスト、音楽や動画などの作品（著作物と呼ぶこ

こんなケースのとき著作権と肖像権はどうなっているの？

1 書店で立ち読みした本をスマホで撮影してSNSにアップしたんだけど…

書店の本をスマホで撮影し、そのままネットにアップするのはもちろん著作権侵害です。

×

3 ネットでかっこいいイラストを見つけたから自分のSNSにアップしたよ！

ネット上にあるイラストはもちろん、写真や動画をコピーして自分のSNSやブログにアップするときは、著作者の許可が必要です。許可がもらえない場合はアップしてはいけません。

×

2 公園でスケボーをしている動画をアップしたけど通行人がいた！

すべての人には肖像権があるのですが、うっかり映り込んでしまったレベルで、誰だか判別できない場合は肖像権の侵害とは言えません。ただし、顔がはっきりわかるような映り方をしていたらアップしないほうが賢明です。

○

ともあります）には、つくる人たちのお金や時間など多大な労力がかかっています。そうしてできあがったものを無断で使われたら、作品が売れなくなり大変な損害をこうむってしまいますよね。ネットに上がっているものは簡単にコピーできるので、**気軽に使ってしまいがちですが、作品をつくっている人たちを守るために著作権法というものがあり、むやみにコピーしていいものではないということを知っておいてください。**

すべての人には肖像権があることを知ろう

著作権とともに、覚えておいてほしいのは「肖像権」です。つまり、人は誰でも無断で撮影されたり、それを世間に公表されたりするのを拒むことができる権利を持っているということです。この肖像権を守る法律はありませんが、侵害すると不法行為となり罰せられることがあります。

4 有名人の●●さんと街でばったり会った！一緒に撮った写真をアップしてもいいよね？

その人はあなたと一緒に写真を撮ることは了解してくれていますが、写真をネットに上げてもいいという了解はしていません。ですので、ネットに上げてもいいかどうかを、撮影したときに聞いておきましょう。

ですから、たとえ仲のいい友だちだからといって、その人を撮った写真を勝手に自分のSNSやブログに上げることはやってはいけないのです。街で有名人を見かけて、それを写真に撮ってネットに上げるのもいけません。自分で撮った写真でなくても、ネットに上がっている人の写真を無断で貼り付けると、肖像権の侵害になるので気をつけましょう。

本の引用について

本の内容を自分のSNSやブログにそのままアップすることは著作権の侵害にあたります。ただし、「引用」という形であれば、内容をそのまま載せることができます。ただし、いくつかの条件があるので紹介しましょう。

❶ 引用する理由がしっかりあること。
❷ 自分が書く文章が中心で、引用するものはその一部であること。
❸ 引用した部分がはっきりわかるように、「　」でくくるなど区別をすること。
❹ 引用した本（著作物）の作者、出版社、引用したページ数を示すこと。

メディアリテラシー

コラム3

ネットの世界にはフェイクニュースがあふれている！

2023年の暮れ。「タレントのNさんが自宅で死去」という動画がYouTubeで流れ100万回以上も再生されました。「知らなかった」「ご冥福をお祈りします」といったコメントがあふれましたが、その数日後、Nさん自身がInstagramで友人と食事をしているようすを投稿していて、フェイクニュースだと判明しました。この動画の発信者は、ファンを驚かせてクリック数を稼ごうとしていたようです。Nさんにとってはとても迷惑な行為です。ほかにも悪質な例として、TikTokで「アルカリ性の食品を食べるとがんに効く」という動画が60万回近く再生されたことがありました。科学的なエビデンス（根拠や裏付けのこと）はまったくありません。こうした考えが浸透すると、ちゃんとしたがん治療がおろそかになってしまうので、命に関わる悪質なフェイクニュースだと言えるでしょう。NHKがTikTokで10万回以上再生された動画を対象に、誤った情報や根拠が不明な情報を調査したところ、少なくとも170件以上あることが確認されています(※)。

さらに現在は、AIを用いて「ディープフェイク」と呼ばれる、実際には存在しない音声や動画をつくる技術が発達しています。香港の多国籍企業に勤める社員が、ビデオ会議で最高責任者を装った相手にだまされ、約38億円を詐欺グループに送金する事件が起きました。この詐欺グループは、ディープフェイクで音声や動画を加工し、本物そっくりのニセの最高責任者をつくり出していたのです。とてつもない事件で、私たちには関係ない次元の話だと思いそうですが、ディープフェイクのワナがネットの中に入り込んできているのは明らかです。ネットにはそもそも正しくない情報が大量に存在しているので、おかしいと思ったら、いったん立ち止まり、その情報のもとはどこにあるのかを確認しましょう。正しいか正しくないかわからない場合は、そのまま信じるのではなく受け流すことも大切です。

※https://www3.nhk.or.jp/news/html/20240622/k10014486941000.html を参照

第4章

インターネットがあなたの可能性を広げる

第4話　「伝える」ということ

インターネットが発達した現代、私たちは情報の「受け手」のみならず

SNSや

「発信者」になることが増えました

動画配信サービスを通じて

自分の考えたことやつくり出した作品を世に送り出すことができます

しかし、伝え方についてしっかり考えることができている発信者は意外と多くはありません

今回は、〝発信側に立つ〟ときに気をつけるべきことを学んでいきましょう

麻美～さっき返された英語のテスト何点だった？
えっと…98点
さすが…！私なんか52点だったよ…麻美はやっぱ違うな…
キーンコーン…
はい、じゃあ授業始めるぞー

これまで地震と津波について授業で学んできた

次回の授業ではそれを踏まえ、各々が決めたテーマでひとり5分程度の発表をしてもらう
今からの2時間はその発表準備の時間だ有効に使って発表に備えるように～

地震のメカニズムについてもっと詳しく調べてみるか

ガヤガヤ
発表かあ、どうしよう、みんなにとって勉強になるテーマ…
えーまじか～テーマ決まんね～

次の授業
はい、
では今日は発表です
出席番号順で、
まず伊藤さん
発表お願いします
はい
私はこれから
起こると
予測されている
南海トラフ地震の
メカニズムについて
調べました

駿河湾から遠州灘、熊野灘、紀伊半島の
南側の海域及び土佐湾を経て日向灘沖までの
フィリピン海プレート及びユーラシアプレートが
接する海底の溝状の地形を形成する
区域を「南海トラフ」と言い…

私たちは来る地震に備え
さまざまな準備をしなくては
なりません
以上で発表を終わります
よし、うまく
発表できた!

さすが、麻美ちゃん
すごいね
俺なんのこっちゃ
わからんかったわ
私も…
すごいけど難しかったね

あれ、なんかおかしいな
ギュ…

伊藤さん
ありがとう
では次は遠藤さん〜
はーい

じゃあ最後、
和田さん、
よろしくお願いします
はい…！
ガタ

私は特定の地震ではなく、
被災者の体験談に
注目しました
このスライドでは、
被災者が地震前にしておけば
よかったと
思っていることを
まとめました
このことから…
備えておけば
よかった…

なかには、避難所で中学生の活動に
かなり助けられたと
語っている人もいました
もし被災してしまったときも
自分たちにできることが
何かを考え行動したいな
と思いました

すごいわかり
やすかったね
スライドも
見やすかった！
中学生も
活躍できるんだね
なんかうれしいや

和田さんありがとう
では、発表の時間を
終わります
今日の日直…
伊藤さん、
あとでみんなの感想シートを
職員室に持ってきて
くれるかな

わかりました
結花の発表、
みんな興味持って
聞いてたな…

職員室
ガラ
失礼します

伊藤さん、ありがとう
なんか浮かない顔だね

第4章
インターネットがあなたの可能性を広げる

4-1 インターネットの持つ大きな力

これまで怖い部分ばかり伝えてきましたが、インターネットは本来とても優れたメディアで、使い方次第でこれまでできなかったことができるようになってきています。

災害でも活躍するインターネット

日本は火山が多く、地震が起こりやすい国です。最近は地球温暖化の影響もあり、**いっそう災害数が増えてきているなか、インターネットの役割はとても大きくなっています。**

大きな災害が起きた場合、まずは身の安全の確保が大切です。もし家にいればテレビで災害の速報が伝えられます。しかし、テレビはより多くの人たちに向けた放送をしているので、災害が起こった地域のくわしい情報まではわからない場合があります。

そんなときに役立つのがインターネットです。たとえば大雨で河川の堤防が決壊した場合、気象庁や国土交通

地震発生！

でかっ

災害直前

気象庁や自治体から緊急災害速報が発信され、携帯電話の事業者を通じて、人々のスマホなどに流れてきます。

緊急地震速報

震度

6強

●●地方で強い地震

揺れに備えてください

災害直後

気象庁や自治体から続けて災害情報が発信されます。地域の細かい災害情報は、SNSに流れてくる情報が役に立ちます。

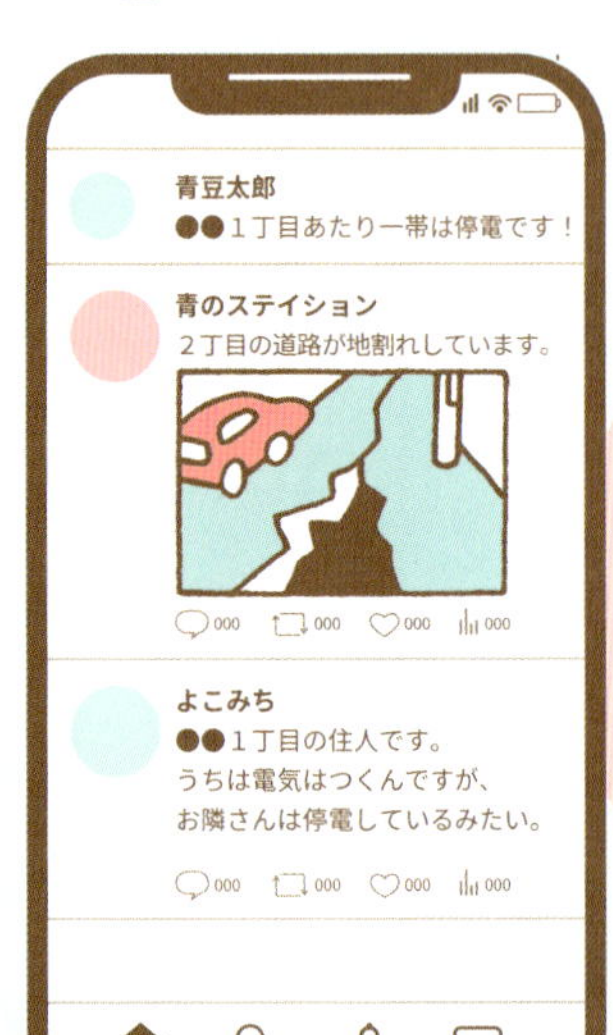

青豆太郎
●●1丁目あたり一帯は停電です！
青のステイション
2丁目の道路が地割れしています。
よこみち
●●1丁目の住人です。
うちは電気はつくんですが、
お隣さんは停電しているみたい。

あそこの川が…

省のサイトを見ると、河川のどの地点で洪水が起きているのかマップ表示で確認でき、監視カメラで河川のようすをリアルタイムで見ることができます。**国や自治体も自身のサイトやSNSを通じて、避難情報などを緊急通報します。**

家族や友人などの安否については、たとえば「Googleパーソンファインダー」というサービスで、無事だった人が情報を書き込んだり、人を探していることを呼びかけたりすることができます。東日本大震災や熊本地震のときにも多くの人が利用しました。

さらにX（旧Twitter）やLINEなどのSNSを使えば、安否確認や避難所の状況、炊き出しがおこなわれる場所などの情報も手に入れることができます。**災害後も、災害ボランティアの人たちを受け入れる自治体や団体の情報が、SNSを通じて伝えられることも多くなっています。**

避難について

SNSなどを通して、自治体から避難所の情報が伝えられ、避難所までの経路の確認などができます。より細かい情報は、近所の人が発信している情報が参考になります。

災害時のインターネットで気をつけること

●ネット回線がつながらなくなる!?

大災害が起こると、ネットをつなぐ基地が被災したり停電したりすることがあります。パソコンやスマホの充電が切れると利用できなくなるので、モバイルバッテリーなどの充電器を用意しておいたほうがいいでしょう。

●デマに気をつけよう！

SNSでの災害情報はとても役立ちますが、なかにはデマやフェイクニュースが流れてくることがあるので、なるべく国や自治体などの公的機関が発信している情報に当たるようにしましょう。

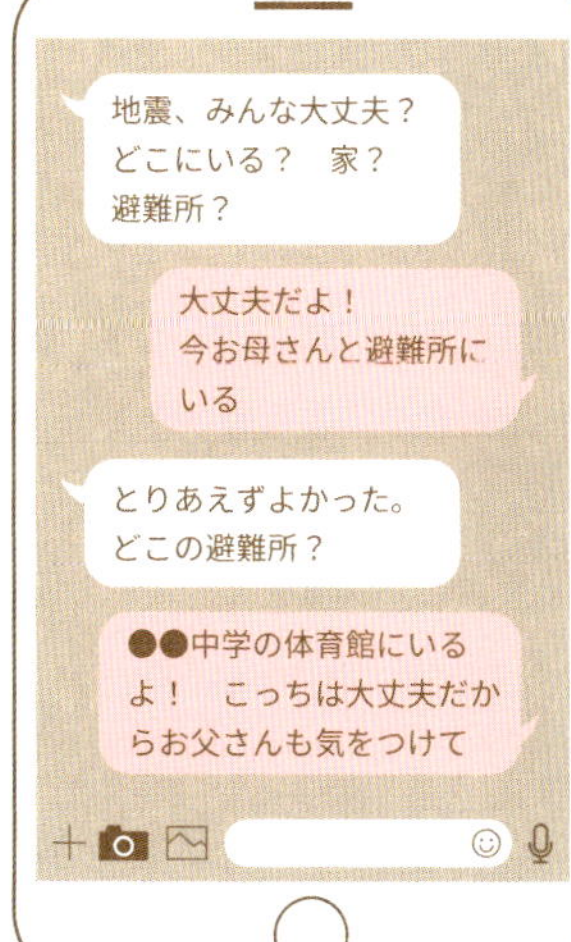

地震、みんな大丈夫？どこにいる？　家？避難所？
大丈夫だよ！今お母さんと避難所にいる
とりあえずよかった。どこの避難所？
●●中学の体育館にいるよ！　こっちは大丈夫だからお父さんも気をつけて

安否の確認

携帯電話の事業者が運営する災害伝言板や、SNSのグループトークで、離れた家族や友人に対して安否を確認することができます。

こっちは大丈夫！
ほっ

災害のときに使える伝言板のサービス

- 災害用伝言板（web171）
- 携帯各社の災害用伝言板
- Yahoo!安否確認サービス
- Googleパーソンファインダー
- LINEのグループトーク
- Facebook災害支援ハブ　など

世界を、世の中を変えていく！ネットの輪が

#MeToo運動

有名な映画プロデューサーが自分の権力を振りかざし、何人もの女性に性加害をおこなっていた事件が、アメリカのニューヨーク・タイムズ誌の女性記者によって明らかになりました。「#MeToo」の反響はすさまじく、自分の被害をカミングアウトし、性加害をなくそうと声を上げる女性が続々と現れたのです。日本でもさまざまな性加害がこの「#MeToo」運動により告発されるようになりました。

ヒールやパンプスを履くと足が痛くてつらいという女性は少なくありません。もちろん好きだから履いている人もいますが、それぞれの事情を考えず、「女性らしくヒールを履くべきだ」という理由で強制されるものではありませんよね。

#KuToo運動

職場で、女性にハイヒールやパンプスの着用を義務づけるのは有害だとする書き込みが多くの賛同者を得ました。着用の強制を禁止する署名が厚生労働省に提出され、国会でも議論がおこなわれました。この影響で着用の義務を廃止し、男女ともスニーカーを履けるようにした企業も現れました。

ネットには世の中を動かす力がある

ネットは世界中の人と簡単につながることができます。ネットがなかった時代からすると画期的なことですが、**人と人をつなげる以上に、ある目的や考えのもとに多くの人が集まることができ、場合によっては、世の中を動かすほどのパワーを持つようになりました。**

たとえば、2017年にアメリカの新聞が、著名人の男性が性加害を繰り返していることを告発する記事を出しました。それを受け、被害者の一人が「#MeToo」というハッシュタグをつけ、自身の被害体験をTwitter（現在のX）に投稿しました。ハッシュタグとは「#（ハッシュマーク）+キーワード」でつくられるもので、これを用いると同じハッシュタグの投稿を簡単に検索することができ、同じ興味や関心を持つ人同士、情報の

ネットで「陰謀論」も拡散される!?

特定の出来事を「誰かの陰謀や策略によるものだ」と決めつけ、その考えを広めようとする人たちがいます。こうした人たちが使うものが「陰謀論」です。たとえば、大きな地震が起きたとき、「これは人工的に起こされた地震で、●●●のしわざだ」とか、飛行機事故が起こると、「●●●が関与している」といったものです。インターネットの時代となり、SNSなどでこうした陰謀論がますます広まるようになっています。たとえば、2021年にアメリカで起こった連邦議会乱入事件。大統領選でドナルド・トランプ氏が再選されなかったのは、「闇の政府が不正選挙を操ったからだ」という陰謀論に影響された人たちがネットでつながり、大きな暴動を起こしたと言われています。

共有や交流が簡単にできます。

「#MeToo」は、それまで誰にも言えなかった性被害を「私も（MeToo）被害者だ」と発信することで、世の中を変えていこうという運動につながり、世界中に広がったのです。声を上げること、そしてそれが大きな力になることに多くの人たちが勇気づけられたのです。私たち一人ひとりの声はとても小さく弱いかもしれません。しかし、**ネットを上手に利用することで、多くの声と力を集め世の中を変えていくことも可能です。**ここでは、インターネットが世の中を変えた実例を紹介しましょう。

クラウドファンディングで"やりたい"を応援

インターネットを使ったクラウドファンディングというしくみを利用する人が増えてきました。**やりたい活動やアイデアを持つ人が、ネットでプロジェクトを公開し、自分の思いを発信することで、多くの人からお金を出してもらい、やりたいことを実現する取り組みのことです**（クラウドファンディングは、「群衆（クラウド）」、「資金調達（ファンディング）」という意味の英語を合わせた造語です）。

クラウドファンディングにはいくつかの種類があります。まず、**やりたいことがある人にお金を出し、リターン（お返し）を求めない「寄付型」**があります。日本では２０１１年の東日本大震災で被災した人たちを支援するプロジェクトが多数立ち上がったことから、この「寄付型」のクラウドファンディングが広く知られるようになりました。

次に**新しい製品やサービスを開発しようとしている人にお金を出して、なんらかのリターン（お返し）を受け取る「購入型」**です。たとえば飲食店の開店資金を募って、支援してくれた人には、食事券をお返しするなどのリターンがあります。そしてもうひとつは**「融資型（投資型）」と呼ばれるもので、企業などがやろうとしている事業にお金を投資して、その事業がうまくいったら配当などのお金を受け取るしくみ**があります。

どんなにすごいアイデアや技術があっても、お金がかかりすぎることで実現をあきらめてしまう人が多いのが現状です。しかし、クラウドファンディングのおかげで、**不可能だと思われていたプロジェクトが実現できる可能性が広がったのです**。そして支援する人も、インターネットを通じて、少額から気軽に支援ができるので、プロジェ

クラウドファンディングのしくみ

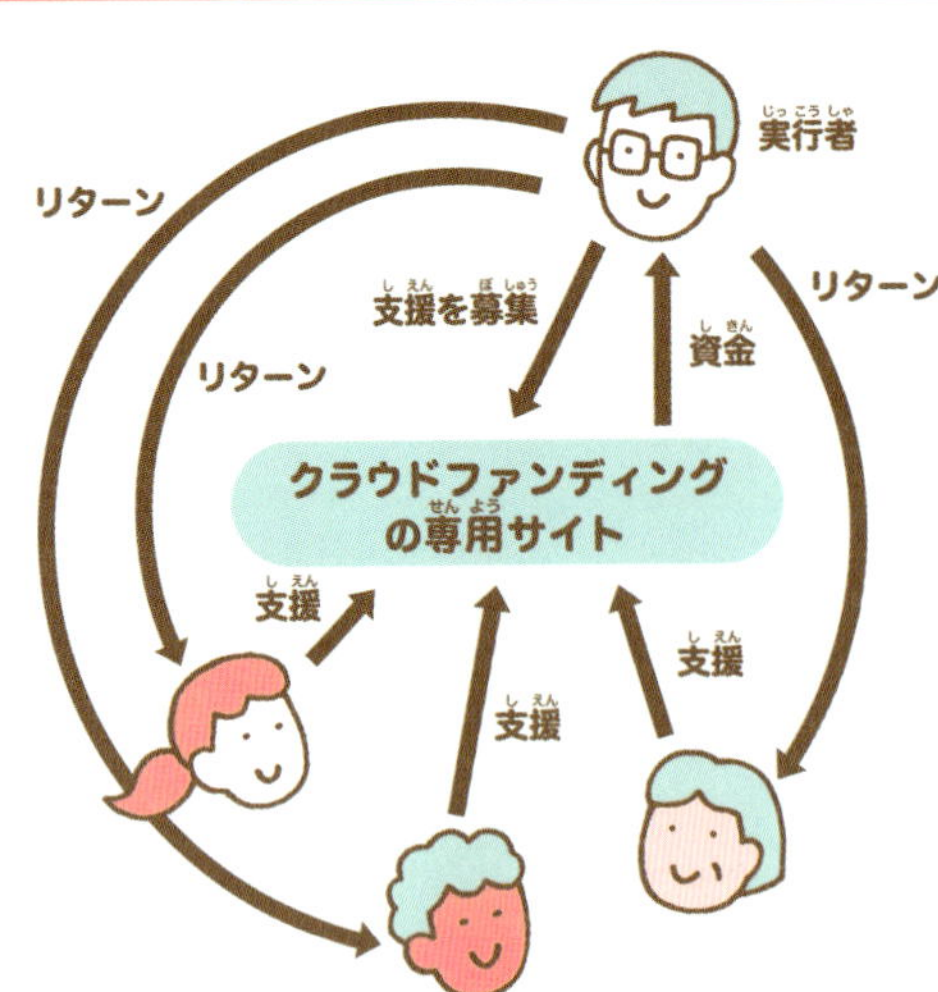

クラウドファンディングの方法

クラウドファンディングには2種類の方式があります。1つめは「All or Nothing方式」で、決められた日数のあいだに目標金額に達しない場合、プロジェクトが成立せず集まった支援金を返済しなければなりません。2つめの「All-in方式」は、目標金額に達しなくても集まった分の支援金を受け取ることができますが、プロジェクトは必ず実施しなければなりません。クラウドファンディングは元手がなくても資金集めができるメリットがありますが、デメリットもあることを知っておきましょう。

クラウドファンディング 大学生Aさんの場合

1 やりたいプロジェクトを決める

大学生のAさんは通っている大学のある町並みが大好きでした。素敵な公園もあるし、港も近くで風景もきれいです。おいしいレストランもいくつかあります。でも長引く不況のため、町の商店街はかなりさびれてしまっています。そんな町のようすを見て何とかしたいと思ったAさんはあることを思いつきます。

2 プロジェクトの仲間と話し合う

この町の良さをアピールする動画をつくり、ネットで公開すれば、町おこしができるのではと思ったAさんは、クラウドファンディングで動画をつくる資金を集めようと思い立ちました。協力してくれる友人も何人かいたので、まずはみんなで話し合い、プロジェクトの具体的な内容と、目標の金額などを決めていきました。

3 支援者へのリターンを決める

Aさんは、市役所に相談してこの町のゆるキャラに協力してもらうことにしました。そして、町の観光ポイントの紹介や、レストランの店長さんのインタビューなどをまとめた動画をつくることを決めました。目標金額は50万円。支援してくれた人には、金額によってレストランの食事券や、ゆるキャラのフィギュアなどのリターンを考えました。

4 プロジェクトをネットに公開する

クラウドファンディングの専用サイトに、プロジェクトの内容と目標金額、リターンについての情報を公開。Aさんはさらに自分たちの活動を理解してもらうために、SNSでゆるキャラと一緒に町をアピールする短い動画を上げる広報活動を進めました。またプロジェクトのチラシを町のお店や公民館などに置いてもらうようにお願いをしに行きました。

5 目標額を達成！

募集期間は30日。最初はなかなかお金が集まりませんでしたが、期間中も頑張って短い動画を上げ続けたことが幸いして、だんだん集まる金額が増えてきました。そして最終日、目標金額を少し超える53万円が集まったのです！　喜ぶAさんと友人たち。ゆるキャラも感激しています。あとは頑張って本編の動画をつくるだけです。

クト次第で多くの資金を集めることができるようになっています。日本にも「CAMPFIRE」「GREEN FUNDING」「Kibidango」など、クラウドファンディング専用のサイトがあります。

4-2 もし自分が発信する側だったら？

ふだんの私たちは、メディアから情報を受け取る側ですが、ここでは視点を変えて、自分がメディアとして情報を発信する側になってみましょう。

伝えたいこと、目的をはっきりさせよう

あなたが使っているスマホやタブレット端末には、高性能な機能がたくさん備わっています。特にカメラの機能はとても充実しており、高解像度の写真や動画を気軽に撮ることができます。しかもSNSなどで公開することも簡単なのでアップして楽しんでいる人もいるのではないでしょうか。そうした人はつまり、画像や動画、文章などを不特定多数の人に発信しているわけで、もうその時点で、メディアとして「情報の送り手」になっているといっていいかもしれません。**現在は、誰でも手軽に情報の送り手になることができる時代になっているのです。**

Aさんのスライド発表

ネコのひみつを知ろう

ネコのしっぽを見るときもちがわかる！
うれしい　びっくり　怒っている

ネコの体のしくみ
目　耳　毛　ひげ　しっぽ

ネコの1才は人間だと何才？
1才　○○才

伝えたいこと、目的

- かわいいネコをみんなに見てもらいたい
- ネコの特徴を知ってもらいたい

ネコ好きのAさんは、自分の家で飼っているネコのかわいい写真とともに、ネコの体のしくみや特徴を調べて発表しています。ネコ好きでない人にも、興味を持ってもらいたいという思いがしっかり伝わってきます。

また、SNSをやっていない人でも、学校の授業でパワーポイントなどを使ったり模造紙に書いたりして、クラスのみんなの前で発表したことがあると思います。そうした発表も情報を伝える立派なメディアです。

どうやって情報を発信すれば受け手に伝わりやすいのか、多くの人の心に響くのか、そういった「発信する側」としての意識を高めることは、これからの時代、とても役に立ちます。

そのために心がけることは**「どんなことを伝えたいのか、目的をはっきりさせること」です。**動画にしろ、画像にしろ、文章にしろ、それがいちばん大切と言っていいでしょう。このページではネコを題材にして、クラスの発表で画像や動画を含めたスライドを見せる例を紹介していきましょう。AさんとBさんは、二人ともネコを題材にしていますが、それぞれ伝えたいことや目的がしっかりしていることがわかると思います。

Bさんのスライド発表

伝えたいこと、目的

- なぜ保健所にネコがいるのかを知ってもらいたい
- 捨てネコ、野良ネコの問題をみんなに知ってもらいたい

Bさんは、保健所で保護されている捨てネコや野良ネコを紹介しています。ネコを飼ったはいいが捨ててしまう人がいることをみんなに知ってもらい、ちゃんと責任を持ってペットを飼うことの大切さを伝えようとしています。

発信するときは他者の視点を持とう

情報を発信するときは、受け手になるべく伝わりやすくする必要があります。私たちはふだん受け手側にいることが多いので、たとえば動物園のパンダを紹介するテレビ番組があったとしましょう。「ナレーションの言葉遣いが難しい」とか、「文字（テロップ）ばかりで読むのが大変」だったりすると見る気がなくなりますよね。

ですから、**受け手である人たちがストレスなく見たり聞いたりできるように、画面の見やすさや、文章の読みやすさ、音声の聞きやすさを考えることが大切です。**また、**想定される受け手がその題材について、どれくらい知識があるかを知っておいたほうがよいでしょう。**たとえば受け手が小学生の場合と高校生の場合では、見せ方や聞かせ方はかなり違ってくるはずです。受け手のことを考えて発信するのはけっこう大変ですが、見てくれる人、聞いてくれる人にしっかり伝わるものをつくることができたときの喜びはとても大きいものとなるはずです。

二人のスライド発表を見比べてみよう！

AIについて

1年A組　●●C美

AIのことならまかせて！

ストレートに「AIについて」というタイトルを大きく見せています。とてもわかりやすいですが、ほかでもよく見るタイトルだと思う人もいるかもしれません。

C美さん

AI（人工知能）にくわしいC美さんは、これまでに得た知識を整理して、「AIとはどういうものか？」を、クラスのみんなに伝えようとしています。

AI対人間　どっちがすごい？

1年A組　●●D太郎

せっかくだから面白いものにしたい！

いきなりAIと人間の対決が始まるので、「どちらが勝つんだろう？」という興味を引くことができそうです。まさにキャッチーな（目を引いたり、ウケそうなようすになったりすること）タイトルですね。

D太郎さん

AIがこれからの人間の生活に大きな影響を与えることに興味を持っていたD太郎さん。「そもそもAIと人間が勝負をしたらどうなるんだろう？」という素朴な疑問から発表スライドの内容を考えていきました。

AIとは

AIとは人工知能（Artificial Intelligence）の略語。コンピュータの性能が大きく向上したことにより、機械であるコンピュータが「学ぶ」ことができるようになった。それが現在のAIの中心技術となっている「機械学習」である。この技術により、翻訳や自動運転、医療画像診断など、人間の知的活動を模倣した作業が可能となり、私たちの生活に大きな影響をもたらしている。

AIの説明ですが、文字ばかりで少し退屈なのと、内容が少し難しいので、すんなり理解できる人は限られてしまいそうです。

写真を見せながら、C美さんはAIが搭載されている技術や機械のしくみを説明しています。ここで初めて写真が出るので、見ている人の目を引くことができるでしょう。

AIと共存する時代がやってくる！

AIはまだ人間の代わりを完璧にできるものではない。しかしAIがどんどん進化していくことは間違いない。これからの時代は、AIが人間のサポートをし、

さらに、いい意味で人間の競争相手になるかもしれない。

文字ばかりで読むのが大変

ちょっとむずかしいかな

C美さんなりに、AIと人間の関係性と未来についての考えを文章にして見せていますが、やはり文字が多めです。

Check!

C美さんはAIの知識が豊富ですが、クラスのみんなが理解できるかどうかをあまり考えずに発表しています。文字量を調節し、写真やイラストを多めに入れるくふうをしたほうがいいかもしれません。

同じ広さの2つの部屋のうち、1つをD太郎さんが掃除、もう1つをお掃除ロボットに掃除させる実験を見せています。楽しく見てくれる人は多そうです。

D太郎さんは、これからの時代はAIに対抗するのではなく、お互いのいいところを発揮しながら共存することになると伝えました。

Check!

見せ方がうまく、興味や好奇心をかき立てるタイトルの付け方も巧みです。ただし、AIの深い理解にまではいけないという課題もありそうです。

伝えるときのくふう❶

テロップを入れる

テロップとは動画上に映し出される文字のことです。動画の内容に合わせて、説明や解説を加えるときに使われます。映像や音声だけでは伝え切れない情報を補ったり、登場する人の大事な言葉を強調したりするなど、さまざまな効果を得ることができます。

テロップがないと…

ネコにエサをあげる動画ですが、テロップがないと、ただそのままの動画として見ることになります。

ちょっと不満みたいです

ゴキゲンになりました

テロップを入れると…

ネコの気持ちを想像してテロップを入れると、物語のようになり、見る人の興味を引くことができます。

伝え方で大きく印象が変わる!!

動画にしろ画像にしろ、あるいは文章にしろ、私たちが何かを発信するとき、多くの人に見てもらいたい、聞いてもらいたいと思うのはとても自然なことです。このページでは、なるべく多くの人に見てもらえるような、動画や画像を制作するときのくふうやテクニックを紹介しましょう。

たとえば動画を公開するときに、映像だけをアップしてもあまり面白くないかもしれません。そのときはパソコンに入っている動画編集ソフトなどを使うのがおすすめです。**動画に陽気なBGM（背景に流す音楽）を入れると、楽しい雰囲気が増して、見る人の気持ちを明るくしてくれます。**また、**ここは説明を加えたいとか、強調したい場面にテロップ（文字）を効果的に入れるのもいいくふうです。**さらに、動画を編集するときは、撮ったいくつかの

伝えるときのくふう②
BGMを入れる

動画だけだと単調になる場合は、BGM（背景に流す音楽や効果音）を入れると見る人を飽きさせない効果があります。楽しそうな場面には楽しい音楽、悲しい場面には悲しい音楽を入れるとより伝わりやすい動画になるでしょう。

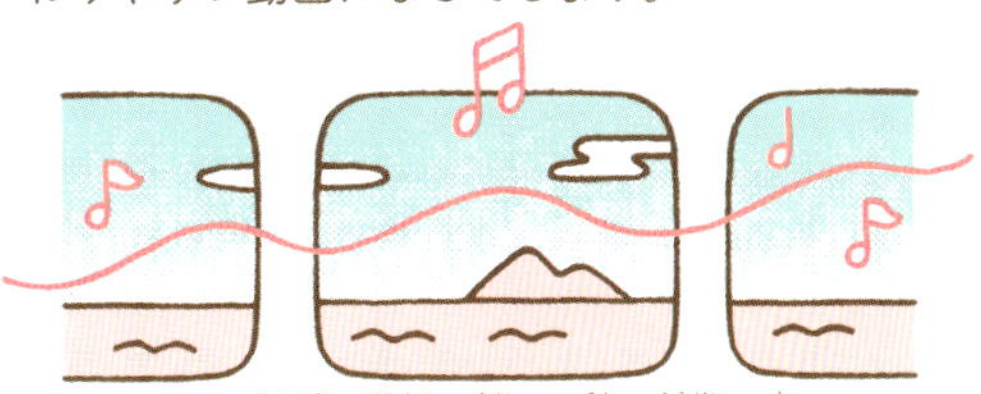

たとえば旅行で電車の中から外の風景を撮った動画を公開するときは単調になりがちなので、楽しい音楽を流すと、スピーディーで軽快な動画として見る人を楽しませることができます。

山を頑張って登っている動画には、緊張感のある音楽をかけ、頂上に着いてきれいな風景が見えたときに感動的な音楽を流すと、ドラマチックな動画になります。

※音楽を使用する際は著作権を確認し、許可を取るかフリー素材を使用しましょう。

伝えるときのくふう③
編集して面白くする

撮った動画のつなぎ方次第で、動画の面白さが変わってきます。たとえば、旅行の動画をつなげるときは、風景だけでなく人の動きを合間に入れて変化を持たせると、見る人を飽きさせない動画になります。

動画をつなげてひとつの映像作品にまとめることになりますが、**動画のつなぎ方次第で、わかりやすくなったり、面白い効果を出したりすることもできます。**

どのようなくふうやテクニックがあるかは、このページでいくつか紹介しておきますが、たとえば、ふだん見るテレビ番組や映画、YouTubeのような動画配信サイトなどで、「これはかっこいいなあ」とか「思わず笑ってしまった」「すごく感動した」と思える動画を見て分析しておくといいかもしれません。プロがつくった動画をそのまままねるのは難しいところもありますが、**優れた動画がどのようにつくられているかを調べることで、メディアへの理解をより深めることができるはずです。**

メディアをつくるときに面白さより重要なことは？

前のページでは発信するときの伝え方のくふうを紹介しました。面白い動画や画像をつくって、多くの人に賞賛されたらもちろんそれは素晴らしいことです。だからといって面白ければそれでいいのでしょうか？　ここで少し立ち止まってみましょう。たとえば、お笑い番組風の動画をつくるとき、ある特定の人をいじるような動画にしたとします。**それを見て笑って楽しむ人はいるかもしれませんが、いじられた人はけっこう傷ついているかもしれません。**

また、P.40でステレオタイプについて触れましたが、**発信する内容に、ある種の決めつけや思い込み、偏見のようなものが混ざってはいないでしょうか。**たとえば男性がメインで登場し、女性はアシスタントみたいな役割だったりすることがあるのは、ある種の決

こんな動画はOK？　それとも…？

1 大食いを見せる動画で…

カップ焼きそばの大食いをする動画に出演したEさん。まわりから「すごく食うな」「さすがデブ」「もっと太るぞ」というからかいの声が聞こえてきました。Eさんは笑いながら4個も食べてガッツポーズをしました。

Check!

動画のEさんは最後まで笑っていましたが、内心はどうだったのでしょうか。まわりから心ないことを言われて傷ついているかもしれません。人の外見をネタにして笑いを取るような動画は、見ている人も不快に感じることがあります。誰が見ても面白いという種類の動画ではありません。

2 ニュース風の動画で…

学校で起こった出来事を、生徒たちがニュース風に解説する動画です。Fさん（男子）が全体の進行をつとめる司会役で、Gさん（女子）がアシスタントとして登場しました。ほぼ司会のFさんが話し、Gさんは「次のニュースは●●です」というつなぎのセリフだけでした。

Check!

あまり深く考えずに司会は男性でアシスタントは女性としていたとしたら、ステレオタイプな考えにとらわれているかもしれません。司会に適役なのはFさんなのか、それともGさんなのかをしっかり話し合って決めましょう。またアシスタントは置かず、「ダブル司会」とする方法もあります。

めつけがあるかもしれません。あるいは、障害がある人に登場してもらうときに、「かわいそうだ」「助けてあげないといけない」という意識が強すぎると、逆にその人を傷つける内容になってしまう危険性があります。

発信された情報は常に誰かを傷つける可能性があります。SNSの普及で誰もが自由に情報を発信できるこの時代、私たちは常にそのことを意識する必要があります。それはテレビ局に勤めているようなプロの人でも、あなたのようなスマホで動画を撮ってSNSに上げる人でも同じです。

「思い切った表現がしたいからそんなことを気にしていられない」と主張する人もいるかもしれません。しかし、配慮が足りない表現が見つかると炎上してたたかれるのがインターネット。自分の身を守るためにも、誰かを傷つけないか、という視点を持つことは大切です。

なるほどね～

3 障害がある人のインタビュー動画で…

車いすを使って生活しているHさんのインタビュー動画です。聞き手のIさんは、「それは大変ですね」「無理はしないでください」と話しかけるなど、Hさんのことをとても気の毒な人だという感じで接していました。Hさんはあまり笑顔も見せずIさんの質問に答えていました。

Check!

Iさんは「障害がある人は気の毒でかわいそう」という意識が強く、Hさんはあまりいい気分ではなかったようです。障害があるからといって、その人が気の毒でかわいそうというわけではありませんよね。一度、自分の思い込みから離れてみることはとても重要です。

4 見た目が外国人の話を聞く動画で…

学校のニュース動画に、水泳の県大会で優勝したJさんが出演しました。Jさんは日本で働く南アフリカ出身の両親のあいだに生まれ、小さいときから日本で育っています。聞き手のKさんが「日本語とっても上手ですね」と言ったとき、Jさんは少しもやもやした気分になりました。

Check!

KさんはJさんのことを「外国人なのに日本語が上手ですごい」とほめたつもりですが、ここに外国人に対する小さな偏見が感じられます。日本育ちのJさんがふつうに日本語を話せるのは当たり前のことですよね。こうした無自覚に相手を傷つける発言には気をつけたいところです。

4-3 生成AIとの付き合い方

簡単な指示で、文章や画像はもとより、音楽や動画など多くのものをつくり出す「生成AI」について学んでいきましょう。

生成AIってどんなもの？

生成AIは、スマホやパソコンなどで使うことができるコンピュータのプログラムのひとつです。このプログラムは**自分でものを考えたかのように、さまざまなものを創造することができます。**

たとえば、「トリがホームランを打つイラストを描いて」と文章でプロンプト（指示のこと）をすると、イメージに近い画像（イラスト）を生み出して（描いて）くれるのです。また、文字（テキスト）で会話をしたり、文章を書いたりするときに手助けしてくれる生成AIもあります。たとえば、

さまざまな生成AI

文章生成AI

入力の欄に、自分が質問したいことや、やってほしいことを書き込むと、文章で答えてくれます。ふつうの会話はもちろん、情報を集めたり、物語を書いたり、アイデアを出したりすることもできます。さらに翻訳やプログラミングのコードを書くことも得意です。

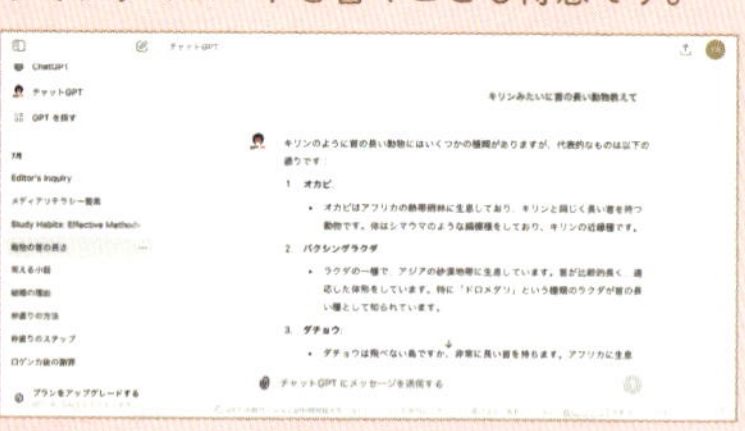

ChatGPT にて生成 ©2024OpenAI. All rights reserved.

- ChatGPT（チャットジーピーティー）
- Copilot（コパイロット）
- Gemini（ジェミニ）
- Catchy（キャッチー）など

画像生成AI

「○○の絵を描いて」などの指示で画像をつくり出してくれます。「リアルに」「アニメ風に」「水彩画っぽく」など、さまざまなタッチの絵を描くことができます。絵を描くことが得意でない人でも、文章で指示をするだけでイメージする画像をつくることができます。

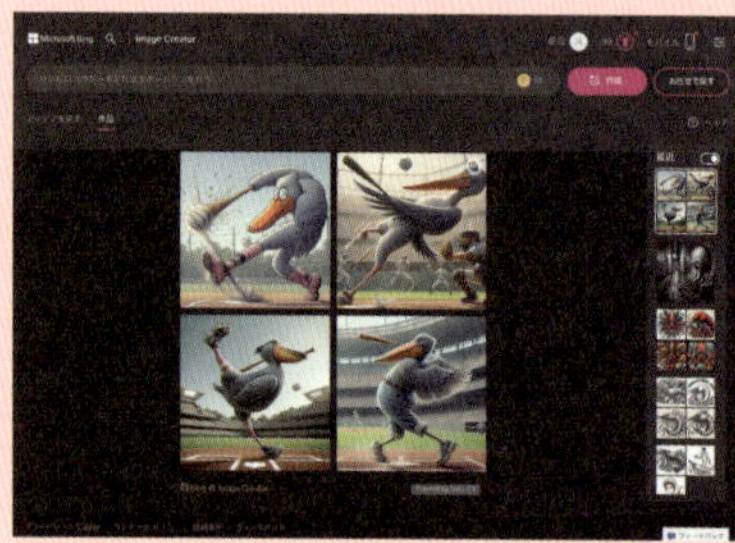

Image Creator にて作成

- Image Creator（イメージ・クリエーター）
- Stable Diffusion Online（ステーブル・ディフュージョン・オンライン）
- AI いらすとや
- AI Picasso（エーアイ・ピカソ）など

「友だちと口ゲンカしてしまったんだけど、どうやって謝ればいいかな？」と入力すると、「可能であれば直接相手に会って謝りましょう。顔を見て話すことで、真剣さが伝わります」という返事がもらえたりして、まるで人間相手にチャット相談をしているような文章を生み出してくれるのです。

画像や文章以外にも、音声や音楽、動画などをつくってくれる生成AIのサービスがインターネットを介して提供され、学校や家庭、ビジネスの場で活用されています。まずは、どのようなタイプの生成AIがあるのかを学んでいきましょう。

AIと生成AIのちがいは？

コンピュータ技術の発達により、機械であるコンピュータにさまざまな知識やデータを学ばせることで、知能があるような動作や作業をさせることができるようになりました。それがAI（Artificial Intelligence／人工知能）です。AIは人間の手を借りず、自動的に動いたり、画像や音声を認識したり、何かを判断したりすることができます。生成AIは従来のAIよりさらに進んだ技術で、インターネット上にある膨大なデータを学習し、文章や画像、映像などをまるで新しく生み出したかのように生成します。

音楽・音声生成AI

指示に従ってオリジナルの曲をつくってくれます。歌詞を入力すると自動的にメロディを作曲してくれる音楽生成AIもあります。また、テキストデータを入力するとそれを読み上げてくれたり、話すスピードや声の高低を調整してくれたりする音声生成AIもあります。

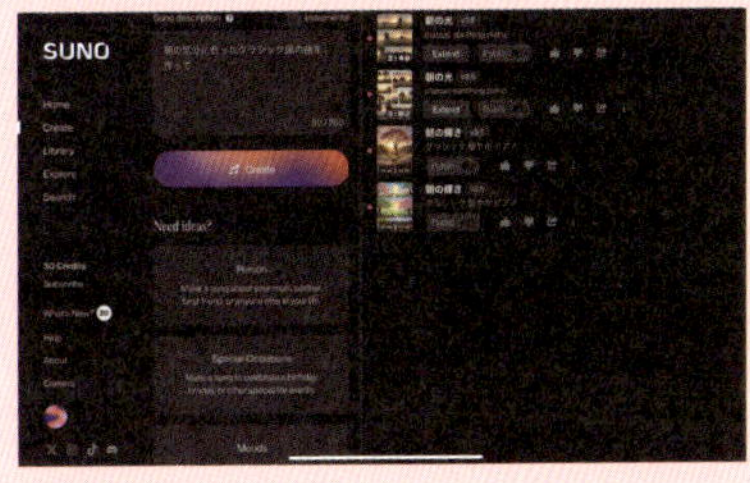

Suno AIにて作成

- Suno AI（スノ・エーアイ）
- Amadeus Topline（アマデウス・トップライン）
- CREEVO（クリーボ）
- VOICEVOX（ボイスボックス）など

動画生成AI

文章を入力して、そのイメージをもとにオリジナルの動画をつくってくれます。また、写真などの静止画像のデータをアップロードすると、その画像に写っている人や物が動く動画を生成してくれるAIもあります。

Runwayにて作成

- FlexClip（フレックスクリップ）
- Runway（ランウェイ）
- Sora（ソラ）
- Emu Video（エミュ・ビデオ）など

勉強の習慣をつけるにはどうしたらいいの？

勉強の習慣をつけるための具体的な方法はいくつかあります。以下のステップを参考にしてください。

1 目標を設定する
具体的な目標を設定し、それを達成するための計画を立てましょう。目標が明確であると、モチベーションを維持しやすくなります。

2 定期的なスケジュールを作成する
毎日同じ時間に勉強することで、習慣が形成されやすくなります。時間割をつくり、それに従うようにしましょう。

漠然とした問いかけなので、一般的に正しそうなアドバイスしか出てこないことがあります。

勉強の習慣をつけたいけれど、できない。部活があって帰りが遅いし、夕ご飯を食べたらすぐ眠くなるので、なかなか勉強できない。どうしたらいいの？

部活や夕食後の疲れで勉強の時間を確保するのが難しい場合、以下の方法を試してみてください。

1 朝の時間を活用する
朝は頭がすっきりしていることが多く、集中しやすい時間です。少し早めに起きて、15分から30分だけでも勉強する習慣をつけるとよいでしょう。

2 短い時間を有効に使う
勉強時間を一気に確保するのが難しい場合は、移動中やちょっとしたすき間時間を活用してみましょう。たとえば単語カードを見たり、電車の中で教科書を読んだりするなどです。

勉強ができない原因を加えて、解決するためにはどうしたらいいかについて問いかけているので、より具体的なアドバイスがもらえます。

言ってることは正しいけど

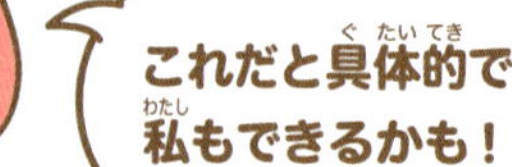

1 プロンプト（指示）をはっきり出す

ChatGPTは対話が得意ですが、「あいまいな問いにはあいまいに答える」傾向があります。そのため、はっきりわかりやすい問いかけをしたほうが、よりよい回答が得られるでしょう。

ChatGPTに触れながら生成AIの使い方を学ぼう

生成AIの中で、私たちに最もなじみがあるのは、文章生成AIの「ChatGPT」ではないでしょうか。質問を書き込むと、人間が書いたような回答がすらすらと出てきます。

ChatGPTなどの生成AIには、大規模言語モデル（LLM-Large Language Model）という人工知能モデルが使われていて、**インターネット上の何十億、何百億の言語データから学習を重ねることで、人間並みの言語を使いこなすことができるようになっています。**

ただ、ChatGPTの知識のもととなるネット上にある情報には、正しいものもあれば、間違っているもの、道徳的によくないものや、偏見なども混在しています。**だからときとして、ChatGPTは間違った回答をすることがあるのです。**そのあたりを理解しながら、使っていくのがいいでしょう。

3 何度もダメ出しをする

何度も繰り返して「もっと～してほしい」とお願いを続けると、望んでいるものに近づいてきます。ChatGPTは何度聞いてもイヤがらないので遠慮なく聞くといいでしょう。

なんか難しい…

用語の説明を求めると、くわしく教えてくれるのですが、文章が長くて難しく、読みにくい場合があります。

2 条件を与える

ただ漠然と質問するのではなく、「全然知識のない人に向けて答えて」「子どもにもわかるように優しく」などの条件を加えると、わかりやすい回答が期待できます。

悪くないけど…

秋の季語を使って俳句を詠んで。

秋桜や　風に揺られて　道しるべ
秋桜は、秋を代表する花で、その美しさとはかなさを表現しました。

もっと喜びにあふれた感じに。

紅葉舞う　子らの笑顔に　秋の空
紅葉が舞うなかで、子どもたちの笑顔が広がる、喜びあふれる秋の光景を描きました。

とてもよくなった！

もっと元気のある俳句に。

秋祭り　太鼓の音に　笑顔咲く
秋祭りのにぎやかさと、太鼓の音に合わせてみんなが笑顔になるようすを表現しました。

メディアリテラシーについて教えて。

1 情報の評価
メディアリテラシーの基本は、情報の信頼性を評価することです。情報源の信頼性やバイアスを見極める能力が求められます。

2 メディアの理解
メディアがどのようにつくられ、伝えられるかを理解することが重要です。たとえば広告の背後にある意図やニュースの報道の仕方などを批判的に考えることです。

メディアリテラシーについて教えて。小学生にもわかるように。150字以内で。

メディアリテラシーは、テレビやインターネットで見た情報が正しいかどうかを見分ける力です。ニュースや広告をそのまま信じず、どこからの情報か、なぜそう言っているのかを考えることが大事です。ウソの情報にだまされずに、自分で正しい判断ができるようになります。

うんうん、よくわかる！

よりわかりやすく回答してもらうために、回答を読む人の年齢を限定したり、文字の数を制限したりして条件をつける方法があります。難しそうな用語の意味を聞くときは、このような指示をするとよいでしょう。

ChatGPTが苦手なものは？

ChatGPTは英語をベースにつくられているので、たとえば「一発ギャグを言って」と指示をすると、そのギャグは日本人にはあまり面白くない場合があります。また、最新の情報は、AIが十分に学習できていないので、不正確な回答になることがあります。法律や医療、芸術などの専門的な知識も間違っていることがあるので気をつけましょう。

生成AIの正しい使い方を考えていこう

文章や画像、イラスト、音楽や動画など、さまざまな創作物を簡単につくってくれる生成AIですが、あるニュースが話題になりました。２０２３年におこなわれた「青少年読書感想文全国コンクール」で、生成AIでつくった感想文が10以上発見されたというのです。

感想文を読んだ先生が違和感を覚え、本人以外の人が書いたのではないかと調べてみたところ、本人が生成AIを使ったことを認めたということです。

ふだん生徒と身近に接している先生であれば、生成AIを使ったことを見抜けるかもしれません。しかし、生成AIの性能はどんどん上がっており、**その人のオリジナルで書いたものか、生成AIを使ったものかの区別をつけるのは難しくなってきています。**AIに感想文を書かせるのがよくないのは当然ですが、同時に**私たちは生成AIをどう使ったらいいかをしっかり考える時期に来ています。**

ここで質問です。生成AIでつくられたものは誰のものだと思いますか？　プロンプト（指示）をした人のものだと思うかもしれませんが、現在、さまざまな意見が出ています。そもそも生成AIは、インターネット上のデータを集めて再編成しているので、その中には著作権があるものも含まれており、生成AIでつくったものを無断で使うべきではないという意見もあります。現状、日本では、生成AIがつくったものには著作権が発生すると規定した法律はありませんが、今後の動向が気になるところです。私たちはこの新しい技術をどう使っていけばいいのか、注意してほしいところを挙げておきましたので、友だちや先生、保護者と話し合ってみてください。

1 年齢制限に気をつける

たとえばChatGPTが使えるのは13歳以上で、18歳未満は保護者の同意が必要です。それ以外の生成AIも年齢制限があるものが多く、未成年は学校では先生と、家では保護者と一緒に利用するといいでしょう。

2 個人情報は入力しない

生成AIには、名前や住所、学校名、携帯電話の番号、あるいは顔写真など、個人が特定できるものを入力してはいけません。インターネット上の情報の一部となり、ほかの利用者の質問の回答に使われる危険性があるからです。

生成AIを使うときに気をつけること

3 誰かを傷つける言葉は使わない

悪口や偏見などが含まれる指示を入力すると、インターネット上の情報の一部となって生成AIが学習してしまいます。その結果、ほかの人が生成したものに誰かを傷づける内容が含まれるかもしれません。

4 宿題や課題を出すときそのまま使わない

生成AIに宿題や課題の答えを教えてもらって、そのまま使うのはやめましょう。そもそも自分のためになりませんし、生成AIの回答は必ずしも正しいとは言えず、ヒントをもらうぐらいにとどめておくことが大切です。

5 他人がつくった生成AIの作品を無断で使わない

誰かがつくった創作物は、たとえ生成AIによるものだとしても著作権の侵害にあたる可能性があるので無断で使ってはいけません。生成AIを利用するときも、小説などの文章や、マンガやアニメなどの画像を素材として使用してはいけません。

生成AIがフェイク画像を増やす!?

生成AIを使って、たとえば災害の被害を大げさに加工したフェイク画像や動画を作成してSNSで発信し、人々を不安がらせようとする人たちがいます。生成AIが優秀であればあるほど、本物かニセモノかの区別がつきにくくなります。こうしたフェイク画像や動画を見たら、むやみにあわてるのではなく、発信元を確認したり、ほかのメディアのニュースと見比べたりする必要があります。

メディアリテラシー

コラム4

ネットの利点を生かし、発信し続けること

【imaseさんの場合】

imaseさんは、自作の曲をTikTokで発信して人気を集め、プロデビューしたアーティストです。21歳のときに発表したデビュー曲「Have a nice day」が５億回も再生されるなど絶大な人気を誇っています。imaseさんが音楽を始めたのは20歳のときで、それまで楽器の経験もほとんどなかったそうです。なぜ、そんな短期間で大人気アーティストになれたのでしょうか。

imaseさんは、小学生の頃からプロのサッカー選手を目指していましたが、体格が小さかったこともあり中３のときに夢を断念。高校を卒業し家業を継いだ頃、友人の影響でギターを買い、YouTubeの動画を見ながら練習し、３か月で弾き語りが少しできるようになりました。そして、マイクとキーボード、パソコンをそろえて作曲を始めます。曲を聞いた友人から、SNSにアップするといいよ、とすすめられ、TikTokに曲を発信。それを聞いたレコード会社から声がかかり、プロデビューを果たし大きな成功をおさめました。

imaseさんの成功のポイントは、音楽の知識や技術をYouTubeから学べたことと、つくった曲をすぐTikTokにアップできたことで、インターネットをうまく生かしています。また、ファルセット（裏声）を魅力的に使った歌い方で、自分の個性をはっきり打ち出したのも良かったのではないでしょうか。さらに、サッカー選手をあきらめたときの経験から、「もし失敗しても別のことをやればいい」と語っており、失敗をおそれない考えのおかげで、気負いなく自分の力を出すことができたと思われます。

もともとimaseさんには才能があり、運にも恵まれたのは確かですが、それ以上に自分の強味を生かし、SNSを生かしながら着実に努力を続けたからこそ成功したのではないでしょうか。imaseさんの活動は、SNSで発信しようとしている人たちにとって大いに参考になりそうです。

第5章

メディアとともに生きるあなたたちへ

第5話　つながりが与えるもの

ちっちゃい頃から絵うまいよなー倫太朗は

そんなことないよ でもありがとう

わぁ！

俺この絵めっちゃ好きかも！最高だよ

小さい頃よく一緒に行った公園を描いてみたんだ

なぁ倫太朗、SNSにイラスト投稿してみたら？

龍也にすすめられたけど
絶対投稿してみた方がいいって！SNSから有名になった人も最近多いじゃん思い切ってやってみなよ！

試しにやってみるのもアリ…かな

タタタ

SNSから才能を見出されたアーティスト
KOKIインタビュー
koki
そうですね。
何気なく始めた投稿で
本当に人生が変わりました。
僕自身色々と悩んだ部分も

たまには勢いも必要なのかもな
よし
ポン
R太郎のイラスト日記
作成

3週間後
かえろー
実はさ、
龍也に言われて
投稿始めて
みてたんだよね

え！まじ！
見せて見せて！

R太郎のイラスト日記
めちゃめちゃ上手ですね！
独学ですか。すごいですね。
一目見てフォローしちゃいました。

すっげー
もう800人も
フォロワー
いるじゃん！

ありがとう
ごめん、報告
遅くなっちゃって

…
倫太朗、
何かあっ…

ガタッ
あ、もう塾に
行かなきゃ！
また今度

バタ
バタ…

倫太朗のやつ
なんか変だったな

あいつのアカウントってなんだっけ…

あ、これか
R太郎のイラスト日記

…
なんだこれ

このレベルならごろごろいるって
なんかそんなにうまくないなって感じ
フツーじゃね？
知らんけどw
良さがよくわからんな
そんな言い方は失礼ですよ

りんたろう
今日
ちょっと今から会えない？
わかった
ポコ

どこ行くの
公園！
すぐ戻るよ
ガチャ
バタバタ

最初はみんなの反応が楽しみだったんだけど
だんだんしんどくなってきてもう絵描くのやめようかなって

コメントのせい?

俺さ、「投稿してみたら?」とか軽々しく言っちゃったけど
もしそれで倫太郎がつらくなるならやめたらいいと思う
でも絵描くのはやめないでほしい
だって倫太郎の絵、俺は好きだし…

ありがとう

投稿のためじゃなくてもう一回ちゃんと好きな絵を描いてみることにするよ

SNSとの付き合い方に正解はありませんが、自分が苦しいと感じるのなら一度立ち止まって考えてみてください
SNSとの向き合い方を決めるのは「あなた」なのです

5-1

SNS依存と承認欲求

SNSは非常に便利ですが、ときにはあなたを疲れさせることもありますよね。SNSとの上手な付き合い方について、さまざまな問題点を見ながら考えましょう。

あなたもそうかも? SNS依存

SNSはスマホやタブレットさえあれば、いつでもどこでも世界中の人とつながることができます。チャットしたり、写真を送り合ったり、情報を交換したりと、さまざまなコミュニケーションが取れるので、とても便利で楽しいツールです。でも、SNSをずっとやっていると疲れませんか?

そもそも**スマホやタブレットをずっと見ていると、目が疲れたり姿勢が悪くなったりして体に負担がかかります。**このような身体的な疲れはもちろん、「早く返信しなきゃ」「いいね! がたくさんついてほしい」などと、**ネットの向こう側の人たちとのコミュニケーションに対する精神的な疲れを感じる人も多いでしょう。**

これらのように、SNSをずっと使い続けていると疲れてしまう、でもやめられず、ずっとSNSを見続けてしまう。そういう状況になっている人はもしかするとSNS依存かもしれません。あなたにも思い当たるふしはありますか?

1 SNSをしていないとイライラして落ち着かない

「いいね」がつくかどうかが気になったり、メッセージがきたらすぐ返事をしたいと思ったりしているので、SNSができない環境だと落ち着かなくなってしまいます。

2 イヤなことがあると気晴らしにSNSをする

実生活でつらいことがあったり悩みごとがあったりすると、現実から目をそむけてSNSに没頭します。SNSをしているあいだだけでも、イヤなことを忘れようとしています。

こんな人はもしかしてSNS依存？

3

SNSの時間を減らそうとしても失敗してしまう

「SNSばかりやっていてはいけない」という自覚はあり、なんとかSNSに触れる時間を減らそうと頑張るのですが、どうにもガマンできず、スマホに手を出してしまいます。

4

SNSの時間がどんどん長くなっている

依存が進むと食事中はもちろん、トイレやお風呂のときまでスマホを持ち込んでしまいます。寝ながらずっとSNSをやる人もいて、睡眠不足や昼夜逆転を引き起こしてしまうこともあります。

SNSのしすぎでまわりとの関係が悪くなっている

家族や友だちと会話をしているときも、SNSが気になってちゃんと相手の話を聞かなくなってしまいます。家族にスマホを取り上げられて大ゲンカになるケースもよく見られます。

SNS依存になると“脳過労”になる!?

私たちはSNSに限らず、スマホなどからかなりの量の情報を受け取っています。研究者のある報告によると、脳に情報がたくさん入りすぎるとストレスがかかり、記憶や判断力をつかさどる前頭葉という脳の一部の機能が低下すると言われています。そうした状態を「脳過労」と呼び、疲れが取れない、イライラが収まらない、眠れなくなるなどの症状が出ることがあるようです。症状を改善するには、スマホを使わない時間を確保してストレスを減らし、人とのリアルな交流や自然との触れ合いを増やすことが必要だと言われています。

SNSで友だちと遊んだ写真を投稿するとき

Aさんの場合

楽しそうにみんなで遊んでいる写真をいつも投稿しているAさん。でも実はAさんは友だちが少なく、妹やいとこたちを無理やり遊びに誘って、そのようすを撮っています。いとこたちもうんざりして、Aさんの誘いに乗らなくなってきました。写真を投稿したいAさんはクラスメートを誘ったのですが、一緒に遊んでくれず困っています。

Check!

Aさんは、「友だちが多くていいな」と思われることで承認欲求を満たしています。ウソをずっとつき続けるのは大変ですし、SNSで自慢するための遊びに付き合おうと思うクラスメートもいないでしょう。

Bさんの場合

BさんもAさんと同じく、友だちと遊んでいる写真をSNSに投稿しています。ですが、そうした投稿をひんぱんにするわけではなく、友だち同士で集まったときにたまたま撮った写真を上げているだけです。Aさんの投稿のようないかにも「盛り上がっている」感じがなく、ごく自然なようすの写真がけっこう多くの「いいね」を得ています。

Check!

みんなで遊んでいるときの写真をSNSに投稿するのが好きなBさんですが、必ずしも盛り上がっている写真だけでなく、見てほっこりするような写真が撮れたときに投稿するようにしています。「いいね」がつくより、いい感じの写真が撮れたかどうかに興味があるBさんです。

「承認欲求」ってどんなもの？

前のページでSNS依存について学びましたが、**SNSには私たちを夢中にさせる魅力、いや魔力のようなものがあります。それは私たちの「承認欲求」を満たしてくれるからです。**

「承認欲求」はP．110の「誹謗中傷」のページでも触れましたが、他人から認められたいという気持ちのことで、誰もが持っている感情です。**まわりに認められたいと思い、頑張るときの活力になるので、人間にとって承認欲求はとても大切な感情だと言えるでしょう。**

現在の私たちは、SNSで自分の意見や作品を世界中の人に届けることができます。しかも、自分や自分の作品を、実際より良く見せることができます。た

SNSで新しく買ったフィギュアの写真を投稿するとき

Ⓒさんの場合

とても人気のあるフィギュアの写真を投稿したところ「いいね」の数がそれまでの何十倍となりました。そのうれしさが忘れられず、新たに買ったフィギュアの写真をひんぱんに上げるようになりました。しかしフィギュアは高価なのでお金が足らず、こっそりお母さんの財布からお金をぬき取ろうとしてしまい、見つかってこっぴどく怒られてしまいました……。

Check!

Cさんはレアなフィギュアを手に入れたことがうれしいというより、その投稿で「注目」されることがうれしくなってきて、限度を超えた行動を取ってしまいました。

Check!

Dさんはフィギュアが大好きで、そのことについていくらでも書くことができるほどです。とにかく自分の好きなことを投稿したいという気持ちが強いので、「いいね」がつくのはうれしいとは思いますが、その数が多いとか少ないとかで、気持ちが左右されることはあまりありません。

Ⓓさんの場合

Cさんと同じく、人気のフィギュアを手に入れたDさん。たくさんの「いいね」がつきましたが、そのあとの投稿では、このフィギュアのどこがすごいかについて書いたり、つくった人（原型師）のことや、欲しがっている人のために、自分はどこの店で買ったかなどの情報を投稿して、さらに多くの「いいね」がついたのです。

「自分軸」と「他人軸」

AさんとCさんは、他人が自分のことをどう思うかという「他人軸」で生きるタイプです。BさんとDさんは、自分が思うことややりたいことを優先する「自分軸」で生きるタイプと言えるでしょう。どちらがいい、悪いではありませんが、他人は自分の思いどおりにはならないので、あまりに「他人軸」を頼りに承認欲求を満たそうとすると、疲れてしまうことがあります。ふだんの考え方が「他人軸」に寄りすぎていないかどうか考えてみましょう。

とえばカメラの機能を駆使して自分が撮った写真を素敵に加工することもできます。そうした写真を投稿して何千、何万の「いいね」がつくとうれしくなるので、あなたの承認欲求は大いに満たされることでしょう。

だからといって、やみくもに自分を良く見せようとするのも考えものです。**みんなからの反応が活力になる以上に、つらい気分が増してくるようなら、一度自分とSNSの関係を見直したほうがいいかもしれません。**このページに出てくる人たちの例を見て考えてみてください。

5-2 SNSとの関わり方を決めるのは誰？

SNSをしていると、友人とのやりとりやまわりからの反応に振り回されてしまうことも。でも、SNSとの関わり方を決めるのは「あなた」。例を見ながら学んでいきましょう。

早く返信するのが「正義」!? SNSとの付き合い方とは？

SNSをやっていると、友だちとのやりとりで疲れてしまう人がいるかもしれません。**いつでもどこでもコミュニケーションを取ることができるSNSはとても便利なのですが、そこがかえって私たちを疲れさせてしまう場合があります。**

たとえば、友だちの書き込みを見たら、「すぐ返信しなきゃ」と思ってしまいませんか？　あるいは、「既読」のままにしておくと、相手を「スルー」したことになるので申しわけないと思ったりしていませんか？

こうした思いにとらわれていると、もし夜中に友だちの書き込みがあった場合でも、すぐ返信しなければならな

返信に時間がかかる人だと思ってもらう

返信するまで時間がかかるタイプだと思われると楽になります。たとえば書き込みを見たら返信するのはその１日後というペースにすることで、相手はあなたのことを「そういう人なんだ」と思って、ゆっくり待ってくれます。

夜は親にスマホを取り上げられると言う

たとえば、「親が厳しいので、夜９時以降はスマホを取り上げられて使えない」とまわりに伝えておきます。そうすればSNSに振り回されることなく、夜を過ごすことができます。実際に親に話して、スマホを預かってもらうのもいいでしょう。

くなり、睡眠時間が削られるなど生活のリズムが乱れてしまいそうです。できたらそのような状況になるのは避けたいですよね。

このページでは、SNSにおける友だちとのやりとりで、あなたがなるべく疲れない方法をいくつか紹介しておきますので、試してみてください。

大切なことは、「相手がどう思うか」に振り回されずに、「自分はどう思うか」「自分はどうしたいか」を忘れないことです。そのうえでSNSと関わってみると今までより少し心が軽くなるかもしれません。

どうしてももめてしまうなら距離を置こう

このページで紹介した「SNSに疲れない方法」を試しても、返信が遅いと怒る人がいるかもしれません。あなたがその人と仲が良かったとしても、やっぱり疲れてしまいますよね。そんなときは残念ですが、その人と少し距離を置いたほうがいいかもしれません。他人に左右される前に、自分のことは自分で守ってほしいからです。

SNSに疲れない方法って？

通知機能をオフにして楽になる

単純なことですが、誰かからの書き込みを知らせるアラームやバイブ機能をオフにすると、それだけで気が休まる人もいるでしょう。机の引き出しやカバンの中など、目に見えないところに入れておけば誰かの書き込みがあってもわかりません。

SNS疲れしやすいのはこんな人？

真面目な人

「コメントは必ずすぐ返さないといけない」などの、ネットのルールのようなもの（それらが必ずしも正しいわけではありません）を、すべて真面目に守ろうと神経を使いすぎて疲れてしまうことがあります。

繊細な人

たとえばSNSで「～したほうがいいよ」などのアドバイスを受けたとき、「批判された」「悪口を言われた」というネガティブな意味にとらえがちな人は、必要以上に傷つき、心が疲れてしまうかもしれません。

嫉妬心が強い人

「いいね」の数が多い人などに嫉妬（ねたんだりうらやんだりすること）する気持ちが強いと、ストレスがたまり疲れてしまいます。なかにはそうした気持ちが怒りに変わり、相手を攻撃しようとする人もいます。

他人の「いいね」は、あなたの「いいね」？

たとえばあなたの友だちが、イラストをSNSにアップしたとします。あなたはそのイラストを見て「ちょっと今ひとつだな」と思ったとしましょう。でも、そのイラストにほかの人たちがたくさん「いいね」をつけてきたとしたらどうしますか？　あなたもみんなに合わせて「いいね」をつけますか？　それともつけないでおきますか？

ある人は、そのイラストは友だちが描いたものなのだからと、親しみと少しのお世辞を込めて「いいね」をつけるかもしれません。また「いいね」をつけるとみんなとつながっている感じになるので、それほど感動したり共感したりしていなくてもつける人もいると思います。**このように、みんなそれぞれ**

相手の投稿を本当に「いいね」と思うだけでなく、「友だちだから」「みんなに合わせたいから」「単なる付き合いで」という理由で「いいね」をつける人はたくさんいます。

いろんな気持ちがあるのに、すべて「いいね」として発信されてしまいます。そう考えると、「いいね」がつくとかつかないとかで気持ちが左右されてしまうのも、少し変な気がしてきませんか。そして、**「いいね」がたくさんついている人が特別に優れているとか、ものすごく偉いとかいうわけではないことに気づくのではないでしょうか。**

みんなの「いいね」にとらわれない生き方って？

なかには、「いいね」をつけると自分にウソをついているみたいでイヤだと感じ、つけない人もいます。それができる人はとても素晴らしいと思います。なぜかというと、みんなとつながっていたい、仲間はずれになりたくないと思う人が多いなか、自分の考えをしっかり持ち、それを行動に移しているからです。自分が本当に感動したり共感したりしたものであれば「いいね」をつけるのは自然なことですが、無理につける必要はありません。

もちろん、「いいね」をつけることがすべて悪いわけではありませんが、「自分」と「相手」、「自分」と「みんな」は違うということに気づくときこそ、あなた自身が成長するチャンスです。

「いいね」は無理にしなくてもOK！

無理に「いいね」をつける必要はありません。「いいね」をつけるかつけないかは、「あなた」が決めてよいことです。直接相手に会ったときに感想を伝えるのもよい方法です。

ダンスの動画を発信したけれど…!?

「いいね」の数が増えると…

ダンスの動画を頑張って投稿したAさん。努力のかいがあって、「いいね」の数が増えて大喜びです。

次の発信では「いいね」が減ってしまい…

もっと「いいね」を増やそうと、次の投稿でも頑張ってダンスをしましたが、「いいね」が減ってしまい、がっかりしました。

悪口のコメントに大ショック！

ほめてくれるコメントもあったのですが、1つだけ悪口のようなコメントを見つけて、ひどく落ち込んでしまいました。

Check!

Aさんは「いいね」の数を気にしすぎるタイプのようです。頑張って発信するのはいいことですが、たった1つの悪口にショックを受けるデリケートな性格でもあるので、SNSのデメリットの影響を受けてしまっています。

あなたは発信する？それとも発信しない？

今の時代、スマホさえあれば、いつでもどこでも自分の言いたいことや伝えたいことを簡単に発信できるようになっています。とても便利な時代を私たちは生きているので、どんどん自分でコンテンツをつくって発信するのもいいですが、ここで少し立ち止まって、発信することについてのメリットとデメリットを整理しておきましょう。

X（旧Twitter）やInstagramなどのアプリで発信すると、自分と同じ趣味の人や、似た考え方をする人と交流することができます。また、自分の生活圏から遠く離れた人と友だちになることも可能です。さらに自分が発信したコンテンツが、多くの人たちの注目を集める可能性もあるなど、発信することにはさまざまなメリットがあります。

しかしデメリットも少なくありません。いくら気をつけていても、自分の

インフルエンサーもつらいよ？

ネットユーザーに大きな影響を与える人を「インフルエンサー」といいます。この本を読んでいる人のなかにも憧れている人も多いのではないでしょうか。ただし、インフルエンサーになるには、魅力的なコンテンツを発信し続ける必要があり、面白い企画を考える発想力や情報を収集する能力、多くの人の反応をリアルタイムでとらえ、今どんなことが求められているかを把握する力などが必要です。ですから、なろうと思って簡単になれるものではありません。現在インフルエンサーと呼ばれる人たちも決してラクをしてお金を稼いでいるわけではなく、常に努力や苦労を重ねながら発信を続けている人が大半だと思われます。

「いいね」が増えてくれないけれど…

Bさんも頑張ってダンスを発信しています。あまり「いいね」は増えず、悪口のようなコメントもありますが、あまり気にしていません。

Check!

Bさんはほめられたら素直にそれを励みにし、コミュニケーションがしやすいSNSのメリットを生かして、自分を応援してくれる人とたくさんつながろうとしています。悪口も「アドバイス」だと受けとめ、頑張るエネルギーにしているところもいい心掛けです。

いいコメントにはすぐ返信！

ダンスをほめてくれるコメントがあると、Bさんはすかさずお礼の返信をして、もっと頑張ろうと思うのでした。

コンテンツに批判や悪口を書かれることはあります。ひどい場合は炎上して大変な状況になってしまう危険性もあります。このように、**私たちは発信することについてのメリットとデメリットをしっかり意識しておくことが必要です。**

SNSを利用している人のなかで、自分で投稿をする人は、10代だと全体の50％弱という調査結果(※)があります。SNSは「見るだけ」の人も半分ぐらいいて、みんながみんな投稿しているわけではないようです。**SNSで注目される人は目立つのでたくさんいるように錯覚しますが、それに流されて発信するのではなく、発信する前に（あるいはすでに発信している人も含めて）、自分のSNS発信との向き合い方についてあらためて考えたほうがよいでしょう。**

※出典：NTTドコモモバイル社会研究所「2021年一般向けモバイル動向調査」より
Twitter（現X）の投稿率＝10代男性 40.0％／10代女性 50.2%，Instagramの投稿率＝10代男性 27.1％／10代女性 52.5％

メディアリテラシーの力は「正しく疑う」で養われる

さて、この本の最後に、ここまでメディアについて学んできたあなたは、どんな気持ちでいるでしょうか。第1章では、テレビや新聞、本や雑誌について学びました。これらは比較的信頼のおける作り手が発信していることがわかったと思いますが、メディアは人間がつくるものなので、どうしても間違いが起こります。自由に発信できるインターネットの場合はなおさらです。第2章ではネットのしくみから検索のしかた、情報を得るなかで人は偏ってしまいがちであることなどを解説しました。第3章ではネットでの危険やリスクから身を守るための知識が得られたのではないでしょうか。そのうえで、インターネットはあなたの可能性を伸ばしてくれる道具としてとても役立つものになることをお伝えしたのが第4章です。生成AIの発達も含めて、私たちの可能性はどんどん広がっています。そして第5章はあなた自身がSNSと関わるときの心構えについて、ヒントをたくさん紹介しました。

最後に、この本であなたに最も伝えたかったことは何だと思いますか？ **それはこの本のタイトルにあるように「正しく疑う」ということです。さまざまなメディアから発信される情報が本当に正しいのか、今の自分の考えや行動は間違っていないのかと、まずは疑って一時停止することが大切です。** そして、調べたりよく考えたりして、自分とは違う考えや意見を持っている人の声にも耳を傾けましょう。そうすることで、あなたの視野は広がり、考え方にも深みが増すでしょう。

そのあとにどうするかはあなたの自由です。自分の意見を発信してもいいですし、新たな見識を得て発信するこ

とを思いとどまるのもいいでしょう。

私たちは誰でも世界に向けて発信できて、それらを受け取れる時代に生きています。とても自由で、可能性が誰にでも開けているいい時代です。メディアと賢く付き合い、メディアを優しく使えば、あなたの人生は充実するでしょう。しかし、一歩間違えると自分や人を傷つけてしまいます。

メディアや自分自身を〝正しく疑う〟。その大切さを胸に刻み、忘れないようにしてください。

SNSやスマホの利用の規制が世界的に進んでいる！

2024年11月、オーストラリアの政府が、16歳未満のSNSの利用を禁止する法案を議会に提出し可決されたことが報道されました。12か月以内に施行される予定で、SNSを運営する事業者が16歳未満の子どもに利用させると、日本円にして最大約50億円の罰金が科せられます（保護者や子どもへの罰則は決められていません）。国レベルで子どものSNS利用を禁止するのは世界初ですが、似た動きは各国で起こっています。たとえばアメリカのフロリダ州では、14歳未満の子どもがSNSアカウントを持つことを禁止する法律が成立しています。さらにはイギリスでも16歳未満のスマホ利用を禁止する動きや、スペインやフランス、フィンランドなどの学校では、スマホを禁止しているところもあります。SNS（およびスマホの使用）は子どもに有害であると考え、たばこやお酒などのように規制する動きがどんどん進んでいるようです。

あなたがもし、SNSを禁止されたらどうしますか？　多くの人は「そんなの絶対イヤだ！」と言うのではないでしょうか。その気持ちはよくわかります。それは、この本でも繰り返し伝えてきたように、SNSは、コミュニケーションの道具として欠かせないものになっていて、私たちの可能性を広げてくれるものでもあるからです。先に紹介したオーストラリアで成立した法律についても、子どもへの性的被害やいじめを防げると賛成する人もいれば、子どもの権利を侵害するから反対だという人もいると報道されています。実際、この法律ではYouTubeは教育の効果もあるとして、禁止するSNSからはずされています。

これからも、子どものSNSやスマホの利用が規制される動きが起こるかもしれません。そんな状況ではありますが、私たちができることはひとつです。しっかりとメディアリテラシーの力をつけ、インターネットのよい点、悪い点を理解しながら、自分の可能性を広げることに尽きるのではないでしょうか。

エピローグ

メディアリテラシー

それは、あなたに日々届く情報や
NEWS 8

誰かに伝える情報について

「もしかしたら何かが間違っているかも」「見えていないものがあるのかも」と

一度立ち止まり、「正しく疑う」力のことだと私は考えます

「疑う」というと、
孤立するようなイメージが
あるかもしれませんが

「何もかも信じるな」という
ことではありません

与えられた情報を
瞬間的に信じ込んだり
!!
WARNING

各種ATM
とっさに間違った
行動を取らないこと

ときには、「自分の外側」
の情報だけではなく

「自分の内側」に
構築された

思考のクセと向き合う
ことが大切です

そうすればきっと、
あなたが見ている世界は
クリアになっていくはず

インターネット、SNS、
生成AIなどの登場で
この世界が大きく
変わったように

これからも私たちの想像が
つかないような変化が
待っていることでしょう

たとえそうで
あったとしても

この本で養った

「正しく疑う」力、
メディアリテラシーは
きっとあなたの力になって
くれると信じています
ではまた

おわりに

私たちは、毎日何気なく過ごしているなかで、膨大な情報を受け取っています。


「紛争の停戦について続報です……」

「新作バーガー、明日から登場！……」

「芸能人Aにセクハラ疑惑!?……」

「この夏のファッショントレンドは……」

「Bちゃん、昨日学校サボったらしいよ……」

「消費税増税に反対！……」

「飲酒運転で死亡事故が起きました……」


マスメディア、SNS、うわさ話など、情報の出どころはさまざま。テーマや事の大きさもいろいろあるでしょう。

それらの情報について、私たちは「へえ、そうなんだ」と聞き流してしまうことが多いのではないでしょうか。「そんなのダメじゃん！」などと意見を持つことがあっても、その場限りの感想として終わらせがちです。「勉強や部活、仕事など目の前のことに精一杯で、大量の情報ひとつひとつを吟味している暇なんてないよ」というのが、正直なところかもしれません。

それでも、今回この本を読んでくれたあなたに、ぜひやってみてほしいことがあります。それは、毎日たったひとつのことでよいので、目に留まった情報について、「これってどういうことなんだろう？」と自問し、「受け取った情報に描かれていない側面がないだろうか」と疑ってみてほしいのです。調べてみると、あなたが得た情報が、実は物事の一部分しか伝えていないことに気づくでしょう。

これまで、マスメディアからの情報を受け取る側だった私たち大衆が、今や情報の発信者になれる時代となりました。それ自体はとてもすばらしいことなのですが、受け取る情報量は飛躍的に増え、それらの情報は、本当に玉石混淆（いいものもあれば悪いものもある）です。そんな中、何らかのメディアを通じて情報を受け取っている以上、必ず誰かの意図が介在していると意識すること

すなわち「疑う」ことがこれまで以上に大切となってきています。

「これが絶対に真実だ」と証明することは難しい世の中でも、「疑う」ことは始めやすく、情報を判断するための大切な一歩となります。そんな思いで本書のタイトルには『正しく疑う』と据えました。情報をうのみにするのではなく、さまざまな可能性を考え、あなた自身の「正しさ」を探し続けてほしいと思っています。

もちろん、間違えることもあるかと思いますが、その経験が力になります。疑い、考え、学び続けて培う思考力は、きっとあなたが生きていく上での支えとなってくれるはずです。

2025年2月　　編集部

メディアリテラシーの力を養う おすすめ書籍

01

10歳からの図解でわかる メディア・リテラシー

監修：中橋 雄

メディアリテラシーの基本知識から、実際のメディアのつくり方まで順を追ってわかりやすく説明しています。特に、「メディアを読み解くポイント」の章では、私たちが惑わされやすいメディアの「構成」や「切り取り」などについてさまざまな例が紹介されていておすすめです。

刊：メイツ出版

メディアを読み解き発信する方法を優しく解説

02

ニュースのつくられ方から陰謀論の謎までしっかり解説

刊：筑摩書房

はじめての ニュースリテラシー

著：白戸圭一

さまざまなメディアから発信されるニュースの中から、「正確な事実」をつかむためのポイントが整理されている本です。また、「陰謀論」がなぜ世の中にまかり通っているのかについて深く解説している章もあるので、興味のある人はぜひ読んでみてください。

ネット情報に おぼれない学び方

著：梅澤貴典

ネットと図書館を複合的に活用して、より正しい情報にたどりつくための方法が書かれています。ネット検索には限界があることも示されているので、「ネットがあればどんなことでもわかる」という思い込みのある人ほど新しい発見がたくさんあるはずです。

03

刊：岩波書店

確かな情報を探す技術を身につけ自ら学ぶ楽しさを知る

04

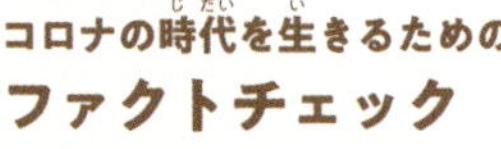

コロナの時代を生きるための ファクトチェック

著：立岩陽一郎

新型コロナウイルス感染症が流行した2020年以降、SNSを中心に多くのフェイクニュースが飛び交いました。著者の立岩さんは、元NHK記者だった経験を生かし、人々を惑わしたフェイクニュースをファクトチェック。情報を見極めるための実例をていねいに示してくれます。

コロナウイルスにまつわるさまざまな情報をファクトチェック！

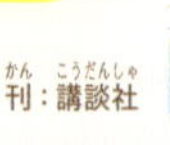

刊：講談社

05

誹謗中傷犯に勝訴しました
障害児の息子を守るため

著：moro

マンガ家のmoroさんが、自分と息子に対する誹謗中傷の書き込みに苦しんだ結果、加害者に対して裁判を起こし勝訴するまでを追ったコミックエッセイ。加害者特定の過程や、裁判のようすなどがこと細かく描かれていて、悩みながらも加害者と戦う著者の姿が感動を呼びます。

©moro/竹書房

刊：竹書房

SNSの誹謗中傷に対抗し裁判で戦う母親の勇気に感動

06

中学校の授業でネット中傷を考えた
指先ひとつで加害者にならないために

著：宇多川はるか

私立開成中学の国語の授業で「ネットの誹謗中傷」をテーマにした授業がおこなわれたようすを再現した本です。ネットのデマに苦しめられた体験をつづった本を課題図書に、どんな言葉が人を傷つけるのか、どんな言葉が他者を幸せにするのかについて深く考えさせてくれます。

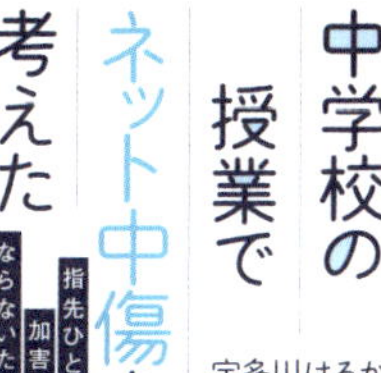

中学生と先生が誹謗中傷について徹底的に対話！

刊：講談社

07

ハンディ版 あの時こうしなければ……
本当に危ない闇バイトの話

監修：廣末登、芳賀恒人

「特殊詐欺」や「違法売買」など、実際にあった闇バイトの事件をもとに、事件に加担してしまった人のマンガと、それがどのような悲劇を生むかという解説がセットになっています。一度はまってしまうと取り返しのつかない犯罪のワナについて詳しく知ることができます。

闇バイトのワナにはまる前に知っておいてほしいこと

刊：金の星社

08

おとなもこどもも知りたい
生成AIの教室

監修：鈴木秀樹

生成AIについて正しく理解し、さまざまな生成AIとともに、自分の可能性を広げることを目指した本。親しみやすいイラストをふんだんに使いながら、「ChatGPT」や「Image Creator」「Suno AI」などの生成AIの上手な活用のしかたがわかりやすく紹介されています。

生成AIをいいパートナーにするためのガイドブック

刊：カンゼン

主な参考書籍（五十音順）

- **SNS暴力 なぜ人は匿名の刃をふるうのか**
  毎日新聞取材班：著／毎日新聞出版：刊
- **学校では教えてくれない大切なこと12 ネットのルール**
  関和之：マンガ・イラスト／旺文社：刊
- **ゲーム・スマホ依存から子どもを守る本**
  樋口進：著／法研：刊
- **コロナの時代を生きるためのファクトチェック**
  立岩陽一郎：著／講談社：刊
- **最新 スマホとネットのルール＆マナー事典**
  野田ユウキ：著／秀和システム：刊
- **10歳からの図解でわかるメディア・リテラシー**
  中橋雄：監修／メイツ出版：刊
- **12歳までに身につけたい ネット・スマホルールの超きほん**
  遠藤美季：監修／朝日新聞出版：刊
- **70歳のウィキペディアン**
  門倉百合子：著／郵研社：刊
- **ネット情報におぼれない学び方**
  梅澤貴典：著／岩波書店：刊
- **はじめてのニュースリテラシー**
  白戸圭一：著／筑摩書房：刊
- **ファクトチェックとは何か**
  立岩陽一郎、楊井人文：著／岩波書店：刊
- **図解即戦力 マスコミ業界のしくみとビジネスがこれ１冊でしっかりわかる教科書**
  中野明：著／技術評論社：刊
- **元捜査一課刑事が明かす手口 スマホで子どもが騙される**
  佐々木成三：著／青春出版社：刊
- **ルポ特殊詐欺**
  田崎基：著／筑摩書房：刊
- **ルポ平成ネット犯罪**
  渋井哲也：著／筑摩書房：刊

読者アンケートご協力のお願い

Webから応募できます！
ご協力いただいた方の中から抽選で図書カードネットギフトをプレゼントさせていただきます。

アンケート番号： 205971

※アンケートは予告なく終了する場合がございます。
あらかじめご了承ください。

カバーデザイン	小口翔平＋畑中茜（tobufune）
本文デザイン	櫻井ミチ
表紙イラスト／マンガ［絵］	酒井　以
マンガ［原作］	佐藤由惟
イラスト	大川久志
執筆協力	株式会社ユークラフト（中島泰司） 門内浩幸 川崎純子
編集協力	秋下幸恵
校正	社会専科　髙野聡子 黒川悠輔 遠藤理恵
協力	朝日小学生新聞
企画・編集	宮﨑　純 佐藤由惟

正しく疑う
新時代のメディアリテラシー

2025年4月1日　初版第1刷発行

監修	池上　彰
発行人	川畑　勝
編集人	芳賀靖彦
編集長	宮﨑　純
発行所	株式会社Gakken 〒141-8416 東京都品川区西五反田2-11-8
データ作成	株式会社四国写研
印刷所	株式会社リーブルテック

【この本に関する各種お問い合わせ先】
- 本の内容については　https://www.corp-gakken.co.jp/contact/
- 在庫については　Tel 03-6431-1197（販売部）
- 不良品（落丁、乱丁）については　Tel 0570-000577
  学研業務センター　〒354-0045 埼玉県入間郡三芳町上富279-1
- 上記以外のお問い合わせは　Tel 0570-056-710（学研グループ総合案内）

学研グループの書籍・雑誌についての新刊情報・詳細情報は、下記をご覧ください。
学研出版サイト https://hon.gakken.jp/